संजय-धृतराष्ट्र संवाद

संजय-धृतराष्ट्र संवाद

प्रमोद कुमार अग्रवाल

ISO 9001:2008 GVE ज्ञान विज्ञान एजूकेयर

प्रकाशक • **ज्ञान विज्ञान एजूकेयर**
3639, प्रथम तल
नेताजी सुभाष मार्ग, दरियागंज
नई दिल्ली–110002

संस्करण • प्रथम, 2017
मूल्य • दो सौ रुपए
मुद्रक • आर–टेक ऑफसेट प्रिंटर्स, दिल्ली

SANJAY-DHRITRASHTRA SAMVAD

by Pramod Kumar Agrawal ₹ 200.00

Published by GYAN VIGYAN EDUCARE
3639 Netaji Subhash Marg, Darya Ganj, New Delhi-110002
ISBN 978-93-84344-65-8

पत्नी उषा, पुत्र अंकुर और सागर
सहित
परिवार को,
जो मेरी साहित्य-साधना में
सतत सहयोगी रहे।

पुरोवाक्

महाभारत में व्यासजी ने लिखा है कि मैं दोनों हाथ ऊपर उठाकर पुकार-पुकारकर कह रहा हूँ, पर कोई सुनता ही नहीं कि धर्म से सब सिद्ध होता है—अर्थ, काम, मोक्ष। इस धर्म का सार प्रत्येक युग में युगबोध के अनुसार महर्षियों और साहित्यकारों ने प्रस्तुत किया, ताकि धर्म के पालन से मानव-कल्याण हो। महाभारतकार ने अर्जुन के विषाद योग के माध्यम से भगवद्गीता के रूप में धर्म के सार-संक्षेप को और सहज रूप में स्थापना की जो मानव-जाति के लिए जीवन-निर्माण का राजपथ है, उसके लिए रत्न-निधि है तथा जिससे जीवन और जगत् में सुंदर सामंजस्य होगा।

भगवद्गीता को मानव जाति की कई पीढ़ियाँ पढ़ती चली आ रही हैं तथा अनुसरण करती आ रही हैं। आजकल के परिवेश में व्यक्ति को गहराई में जाने का अवकाश नहीं है। वह तो शीघ्र गीता में निहित कारण-करण अथवा कर्म के सिद्धांत के आधार पर अपनी समस्याओं का हल चाहता है। यही संजय से गीता सुननेवाले राजा कुरुवंशी धृतराष्ट्र का भी हाल है। धृतराष्ट्र की इच्छा करने पर व्यास ने धृतराष्ट्र को दिव्यदृष्टि न देकर संजय को दिव्यदृष्टि प्रदान की, क्योंकि जन्मांध धृतराष्ट्र अपने प्रिय पुत्रों

की मृत्यु सहन नहीं कर पाता, जोकि उसके द्वारा ही उत्पन्न परिस्थितियों का परिणाम था। दूसरी ओर संजय धृतराष्ट्र का मंत्री एवं सारथि था तथा वह समान रूप से कौरवों तथा पांडवों में स्वीकार्य था। संजय महाभारत की प्रमुख घटनाओं से भली-भाँति परिचित थे तथा उनमें एक धर्मरक्षक तथा सत्यवादी के रूप में सहभागी थे। उन्होंने धृतराष्ट्र को बताया कि वे जिस राज्य के अधिपति हैं, उसकी अधिकांश भूमि उन्हें पांडवों ने जीतकर भेंट की है। उन्होंने धृतराष्ट्र को आगे समझाया कि दुर्योधन पहले तीन बार अर्जुन से पराजित हो चुका था। विराटनगर में अर्जुन ने अकेले ही सारे कौरवों में भगदड़ मचा दी थी और वे इधर-उधर चंपत हो गए थे। उन्होंने कहा, ''जब गंधर्वराज चित्रसेन ने आपके पुत्रों को कैद कर लिया था, उस समय उन्हें भी अर्जुन ही छुड़ाकर लाया था। फिर अर्जुन और कृष्ण का नर-नारायण का साथ है। वे शत्रुओं की बात क्या, वे युद्ध में वज्रधारी इंद्र के भी अजेय हैं। कृष्ण अकेले ही समस्त संसार से बलशाली हैं।''

पर धृतराष्ट्र अत्यत्न पुत्रमोह में सना हुआ था। वह धर्म का कुछ भी विचार नहीं कर रहा था तथा अपने मूर्ख पुत्र दुर्योधन के मोहपाश में फँसकर उसकी आज्ञा बजाता था। दूसरों की धर्मयुक्त तथा राज्यहित में सलाह को तो वह मनोयोगपूर्वक सुनता था, पर करता वही था, जो दुर्योधन चाहता था। दुर्योधन के दो मुख्य सलाहकार थे—उसका मामा शकुनि जो अपने पिता के वध का कौरव वंश से प्रतिकार लेना चाहता था तथा कर्ण जो भरी सभा में तथाकथित छोटी जाति का होने के कारण अपमान का दंश झेल रहा था तथा बदले की अग्नि उसके अंदर धक-धक जल रही थी। अत: महाभारत युद्ध भी एक नियति थी। यह सत्य स्वीकार करते हुए कृष्ण ने युद्ध के उद्घोष के बीच में मनुष्यमात्र को गीतारूपी शांति का उपाख्यान दिया।

इस महाआख्यान को दिव्यदृष्टि के द्वारा धृतराष्ट्र जैसे अंधों को प्रकाश दिखाने वाले और कोई नहीं, वही संजय हैं, जिन्होंने युद्ध की चौसर बिछने के पहले पांडवों के पास समझौते का प्रयत्न किया। उन्होंने धृतराष्ट्र के निर्देश पर उपप्लव्य स्थान में जाकर पांडवों को समझाया कि द्रोण और भीष्म के सामने टिकना उनके लिए कठिन है, अत: वे जो भी मिले, उस पर रक्त न बहाकर संधि कर लें। वापस आकर धृतराष्ट्र सहित सभी कौरवों को भी समझाया कि वे पांडवों के सामने नहीं टिक पाएँगे। दुर्योधन के करने और चोर-डाकुओं के करने में क्या अंतर है? जहाँ कृष्ण हैं, वही विजय है। पर शायद महाभारत की आयोजना पहले से ही थी—संजय और कृष्ण जैसे शांतिदूत केवल यह स्थापित कर रहे थे कि विनाश को बचाने के लिए अंतिम प्रयत्न करना मनुष्य मात्र का कर्तव्य है। फिर कृष्ण जब अपनी बुआ और पांडवों की माँ कुंती से हस्तिनापुर में मिले तो उन्हें निश्चय हो गया कि युद्ध अवश्यंभावी था। इसके पूर्व द्रौपदी भी अपने खुले बालों की दुहाई देकर अपने सखा कृष्ण को युद्ध का ही सुझाव दे चुकी थी। फिर भी कृष्ण ने पांडवों के लिए पाँच गाँवों की माँग की पर दुर्योधन द्वारा सूई की नोक के बराबर पांडवों को जमीन देने से इनकार तथा उसके द्वारा उलटे कृष्ण को बंदी बनाने के आदेश जैसी हरकतों ने शांति के सभी प्रयासों पर पटाक्षेप कर दिया और युद्ध का उद्घोष हो गया।

कृष्ण कर्मयोगी थे। कृष्ण ने अर्जुन को गीता के द्वारा जो कर्मण्यता का उपदेश दिया था, जो स्वयं उनके आचरण का अंग भी था। उन्होंने स्थापित किया कि जिस समय व्यक्ति का जो कर्तव्य होता है, उसका निर्वाह करना ही कर्म है। युद्ध जैसे हिंसक कर्म को भी कृष्ण कर्म कहते हैं यदि वह लोकहित में हो तथा वह शासन-कर्म, न्याय-कर्म, जीवन-कर्म

में शामिल है। कृष्ण कहते हैं—'कर्मण्येवाधिकारस्ते मा फलेसु कदाचन्।' कर्म करते हुए कर्म पर ही हमारा अधिकार होता है। कर्म और फल का कारण-करण संबंध नहीं है। फल अनिवार्य नहीं है। अत: कर्म करना ही अनिवार्य है। कृष्ण आगे कहते हैं कि कोई व्यक्ति एक क्षण भी बिना कर्म के नहीं रह सकता। यदि वह अच्छा कर्म नहीं करेगा, तो उससे बुरा कर्म होगा। अत: कर्म ही मनुष्य की गति और नियति है। योग आदि चित्तवृत्ति निरोध को कहते हैं तो कर्मयोग भी कर्म के संबंध में चित्तवृत्ति निरोध ही है—निरपेक्ष रूप से कर्म करना, कर्मों में तटस्थ रहना, तथा शीघ्र निर्णय लेना स्थितप्रज्ञता है। स्थितप्रज्ञता से मनुष्य में उत्साह और सातत्य बना रहता है। अत: महाभारत युद्ध के दोनों शांतिदूतों को सुनना प्रत्येक भारतीय के लिए गौरव का विषय है। गीता के माध्यम से कृष्ण का उद्घोष प्रत्येक भारतीय के हृदय में गूँज रहा है, पर संजय चूँकि उच्च पद पर नहीं था, तथा पराजित पक्ष की ओर था, उसका चतुरतापूर्वक कृष्ण के गीता में निहित संदेश को धृतराष्ट्र को सुनाना तथा उन्हें शांति के लिए अंतिम आदेश देने के लिए प्रेरित करना सम्यक् रूप से प्रकाश में न आ सका। मैंने एक अल्प प्रयत्न अपनी कृति 'भगवद्गीता-नाट्यरूप' में किया, पर भगवद्गीता से अधिक छेड़छाड़ को भारतीय सहन नहीं करते। इसलिए इस कृति के माध्यम से 'संजय गीता' की उपास्थापना कर रहा हूँ, जो धृतराष्ट्र जैसे व्यक्तियों के लिए भी सहज ग्रहणीय है। धृतराष्ट्र श्रीकृष्ण के व्यक्तित्व को भली-भाँति जानता था तथा वह किसी भी दशा में उनसे पंगा नहीं लेना चाहता था, विशेषत: ऐसी परिस्थिति में जब युद्ध के लिए उसकी हठधर्मिता के कारण उसका मंत्री एवं सलाहकार विदुर त्यागपत्र देकर उससे अलग हो गया था। पर वह पुत्र-लोभ में ऊपर से नीचे तक डूबा हुआ था। वह अपने राज्य एवं आर्यावर्त को केवल और

केवल दुर्योधन की आँखों से देखता था, जिन पर आसुरी शक्तिओं का परदा चढ़ा हुआ था। धृतराष्ट्र जानता था कि वह भूल पर भूल करता जा रहा था, पर क्या करे? उसके लिए पुत्रमोह के पाश से निकलना दुःसाध्य था। धृतराष्ट्र ने संजय से कहा भी,"संजय! मैं दुर्योधन के किए हुए दुखदायी कर्मों को सुनना चाहता हूँ। उस घोर संग्राम में जो-जो घटनाएँ हुई हों, वे सब सुनाओ।"

धृतराष्ट्र को पता था कि युधिष्ठिर के साथ युद्ध के आयोजन के लिए प्रजा धृतराष्ट्र और दुर्योधन से अति क्षुब्ध थी तथा वह समझता था कि विजय युधिष्ठिर के पक्ष में होगी, क्योंकि महत्त्वपूर्ण राजा युधिष्ठिर के पक्ष में ही थे। यदि प्रजा का वश चलता तो वह धृतराष्ट्र का तख्ता पलटकर युधिष्ठिर को ही राजा बना देती, पर धृतराष्ट्र की ओर भीष्म होने के कारण प्रजा पशोपेश में थी कि राज्य का संचालन धर्म के अनुसार ही होगा। भीष्म धर्म के प्रतीक एवं धर्म-धुरंधर थे, पर वे भी अपनी कुछ प्रतिज्ञाओं में आबद्ध थे। दुर्योधन को भी पूर्ण विश्वास था कि उसके मित्र कर्ण के रहते हुए उसे पांडव युद्ध में कभी नहीं हरा सकते। युद्ध रोकने का एक ही रास्ता था कि धृतराष्ट्र दुर्योधन को राजकुमार के पद से पदच्युत कर दे और युद्ध समाप्त करने की आज्ञा दे, जैसा कि उसने द्रौपदी के चीरहरण के पश्चात् किया था। इसी अवसर पर एक बार धृतराष्ट्र की राज-कुशलता, दृष्टिगोचर होती है।

संजय ने धृतराष्ट्र को समझाया कि जैसे समुद्र पार के लिए नाव ही एकमात्र साधन है, उसी प्रकार सफलता के लिए सत्य ही एकमात्र सोपान है, दूसरा नहीं। किंतु मनुष्य इसे नहीं समझना चाहते हैं।

धृतराष्ट्र की निर्णय-प्रकिया अपने स्वार्थ, लोभ, अहं एवं पुत्रमोह से आच्छादित है। अतः धृतराष्ट्र संजय से बार-बार कहता है कि कृष्ण क्यों

अर्जुन को ऊटपटाँग समझा रहा है। जब अर्जुन युद्ध नहीं करना चाहता, तो यह ग्वाला क्यों उसे युद्ध के लिए भड़का रहा है। धृतराष्ट्र की सोच सही थी कि युद्ध से यदि अर्जुन और कृष्ण हट जाएँ तो युद्ध एकतरफा कौरवों के पक्ष में निर्णीत हो जाता। इसलिए धृतराष्ट्र बार-बार संजय से कहता है कि यदि उसका अर्जुन युद्ध नहीं करना चाहता तो वह वंशीवादक क्यों उसे युद्ध करने के लिए कह रहा है। यदि अर्जुन युद्ध से विरक्त हो जाता तो स्वभावत: कृष्ण को भी युद्धक्षेत्र से बाहर जाना पड़ता और वे रणक्षेत्र से बाहर रहकर केवल घोड़ों की देखभाल का काम करते। पर कृष्ण को संसार को युद्धक्षेत्र से एक दूसरा ही संदेश देना था कि कर्मच्युत होने में शांति नहीं है। वह तो कायरों का कर्म है। कर्महीनता तो केवल श्मशान की शांति स्थापित करती है, जोकि त्याज्य है।

जब मनुष्य अपनी आत्मिक दुर्बलता के कारण कर्म विमुख होना चाहता है तो कृष्ण ने उसे भक्ति एवं ज्ञान के मार्ग को पकड़ने के लिए कहा। इसलिए कृष्ण ने अपना विश्वरूप दिखाकर अर्जुन से कहा कि उसे भय या दु:ख करने का कोई कारण नहीं है, क्योंकि वह उसके साथ हैं। ऐसे भ्रमित या व्यामोहित अवस्था में मनुष्य के लिए अपने इष्ट की भक्ति ही एकमात्र संबल होती है, क्योंकि उसकी ज्ञानेंद्रियाँ एवं कर्मेंद्रियाँ काम करना बंद कर देती हैं और उसके हाथ-पैर फूल जाते हैं तथा पागलों की भाँति वह शून्यावस्था में आ जाता है। फिर कर्म, भक्ति एवं ज्ञान के अतिरिक्त अन्य कोई योग या पथ भी नहीं है। इंद्रियाँ बड़ी उन्मत्त होती हैं। इंद्रियों को जो काबू में रख सका, उसी को विद्वान् लोग ज्ञान कहते हैं। इंद्रियाँ बुद्धि से ही नियंत्रित होती हैं और बुद्धि की चरमावस्था है स्थिरप्रज्ञता।

कृष्ण ने गीता में मूल संदेश को दोहराते-दोहराते संजय अपनी ओर से आगे-पीछे बहुत कुछ जोड़ता रहा। यह तो कथावाचक का

विशेषाधिकार होता है। इसी को अवतार की श्रेष्ठता कहते हैं, क्योंकि प्रत्येक धर्म में धर्म के प्रचारक धर्म के मूल सिद्धांतों को जो सार्वजनिन एवं सार्वकालिक हैं, देश, काल एवं स्थान के अनुसार मनुष्यों को उनकी भाषा में समझाते हैं, ताकि वे उसे ग्रहण करके अपने जीवन को सफल बना सकें और यह संसार रहने के लिए एक बेहतर क्षेत्र हो सके।

अत: संजय-धृतराष्ट्र संवाद में कुछ भी नवीनता नहीं है, जो श्रीकृष्ण ने अर्जुन से बयान नहीं किया है। बस, संजय अपने राजा धृतराष्ट्र को उनकी मति, सोच एवं परिवेश के अनुसार समझाता है। चूँकि संजय ने राजा का नमक खाया था तथा उसके परिवार का पालन-पोषण महाराज धृतराष्ट्र की कृपा से चलता था, वह महाराज के मन के अनुसार बात करने को बाध्य था। वह साहसपूर्वक धृतराष्ट्र से जगह-जगह पर मतभेद होने पर उनकी त्रुटियों को ठीक करता है, पर वह भी एक सीमा तक। जब वह देखता है कि इसके दूर जाने पर धृतराष्ट्र के मानस-पटल पर कुछ भी अंकित नहीं होगा, वह उसके साथ ही बह जाता है। वर्तमान आधुनिककाल में भी लोकसंग्रह का यह धर्म है कि मनुष्य या जनता अपने भीतर सुधारों के सुझावों को एक सीमा तक ही ग्रहण करना चाहती है। उसकी लक्ष्मण रेखा से दूर जाने पर वह अन्य अवलंब खोजना प्रारंभ कर देती है। पर जनता में सुधार लाना प्रत्येक अवतारी पुरुष का कर्तव्य है, जो युगधर्म के अनुसार संभव है। इसलिए प्रस्तुत संजय-गीता इस युग के लिए एक उपयुक्त कड़ी है, जो वर्तमान अंधायुग या कलियुग के मनुष्य को अर्जुन के सखा कृष्ण के भगवद्गीता में उपाख्यान से जोड़ती है। कृष्ण ने जो भी गीता में कहा वह युगधर्म तो था ही, पर साथ-साथ वह शाश्वत धर्म भी था। वह एक मित्र दूसरे मित्र से ही स्पष्ट रूप से कह सकता है। यह किसी सचिव या सारथि के वश का कर्म नहीं है। वर्तमान चिंताधारा

को अत्यंत प्रभावित करनेवाले महात्मा गांधी गीता को माँ मानते थे, जो उन्हें अंधकार से प्रकाश में ले जाती थी। गांधी कहते हैं कि माध्यम भी शुद्ध और पवित्र होना चाहिए, जबकि चाणक्य और मार्क्स कहते हैं कि शांति या कल्याण की स्थापना के लिए प्रत्येक माध्यम वैध, न्यायसंगत और सही है। लगता है कि विश्व में ये दो विचार महाभारतकाल से टकराते रहे हैं। कृष्ण के संदेश को पढ़कर लोगों को यह भ्रांति होती है कि जैसे सफलता प्राप्त करना ही अभीष्ट धर्म है। पर यह ठीक नहीं है। कृष्ण ने कहा और संजय ने वही दोहराया कि मनुष्य के कर्तव्य निर्वाह में संलग्न मानव-शरीर को दोषरहित तथा निर्मल बनाना आवश्यक है, क्योंकि यही सभी धर्मों का साधन है। शरीर-माध्यम सर्वखलुधर्म साधनम्। इसके लिए मनुष्य को राग-द्वेष से रहित तथा दुःख-सुख, उष्ण-शीत, पराजय-जय, हानि-लाभ में समान रहना आवश्यक है।

मैं गीता के उपाख्यान के पश्चात् महाभारत युद्ध के वर्णन को नहीं दोहराना चाहता हूँ, क्योंकि वह अति विशद है तथा प्रत्येक भारतीय महाभारत युद्ध की घटनाओं तथा कथानकों से अपने-अपने अनुसार सुपरिचित है। भारतीय वाङ्.मय में सैकड़ों महाभारत उपलब्ध हैं; जैसे—जैमिनीय भारत, हरिवंश पुराण, राघव पांडवीय तथा चंपू भारत (संस्कृत में); पंप भारत (कन्नड़), आंध्र महाभारत (तेलुगु), विल्लि भारतम् (तमिल); पांडवचरित (हिंदी), सारला महाभारत (ओड़िया), महाभारत किलिप्पाट्टु (मलयालम), महाभारत (बांग्ला); महाभारत (असमिया), भारत-रचना (मराठी), कुरुक्षेत्र (गुजराती), भीलों का भारत, पीटर ब्रुक का महाभारत (अंग्रेजी), भारत युद्ध (इंडोनेशियन), भारत युद्ध (थाई), महाभारत (जावा) से ज्यार पांडवा (जकार्ता), हिकायत पांडव जय (मलाया) इत्यादि।

इसके अतिरिक्त महाभारत के प्रमुख पात्रों—कृष्ण, कर्ण, युधिष्ठिर, भीष्म, दुर्योधन तथा द्रौपदी पर सैकड़ों-हजारों रचनाएँ हैं। द्रोण, विदुर तथा संजय भी महत्त्वपूर्ण पात्र हैं। भारत-देश में जन्मा कोई लेखक अपने लेखकीय कर्म की तब तक इतिश्री नहीं मानता, जब तक वह रामायण एवं महाभारत जैसे विश्वप्रसिद्ध महाकाव्यों के कथानकों या घटनाओं पर अपनी लेखनी नहीं चलाता। महाभारत रूपी दूध का गीता माखन है। अत: गीता पर कुछ भी लिखना लेखक के लिए गौरव का विषय है। वैसे भी विश्व में गीता पर लिखी टिप्पणियाँ, अनुवाद, सार-संक्षेप, समीक्षाएँ बहुसंख्यक हैं, जो गीता को विश्व का सर्वश्रेष्ठ उपाख्यान स्थापित करती हैं।

मैं तो 'संजय और धृतराष्ट्र संवाद' के माध्यम से वर्तमान मानव-मन में उठे कुछ संशयों को दूर करना चाहता हूँ, तथा गीता-ज्ञान की कुछ बूँदें उसके मन-मस्तिष्क में प्रवेश कराना चाहता हूँ, ताकि वह अपना जीवन धन्य कर सके तथा अपने एवं समाज के प्रति अपने उत्तरादायित्वों का निर्वाह कर सके।

मैंने अपने इस प्रयास में भारतीय वाङ्मय एवं हिंदी साहित्य में उपलब्ध सामग्री का उदारतापूर्वक उपयोग किया। उसके लिए मैं सभी का कृतज्ञ हूँ।

—प्रमोद कुमार अग्रवाल

अनुक्रम

पुरोवाक् 7

प्रथम सर्ग

अर्जुन का विषाद 19

द्वितीय सर्ग

कर्मयोग 29

तृतीय सर्ग

ज्ञानयोग 49

चतुर्थ सर्ग

विश्वरूप दर्शन 60

पंचम सर्ग

भक्तियोग 75

षष्ठ सर्ग

दैवी और आसुरी वृत्ति 98

सप्तम सर्ग

सार संदेश 104

प्रथम सर्ग

अर्जुन का विषाद

धृतराष्ट्र : हे संजय! कुरुक्षेत्र जैसी धर्मभूमि में एकत्रित युद्ध की इच्छा वाले मेरे तथा पांडु पुत्रों ने दस दिनों तक क्या किया?

तुम मुझे उसका पूर्ण विवरण सुनाओ। भीष्म के अप्रत्याशित पतन पर मुझे अति चिंता हो रही है तथा इस युद्ध के विषय में आरंभ ही से संपूर्ण विवरण जानने की मुझे उत्सुकता है। कुरुक्षेत्र एक धर्मस्थल है। अत: मैं यहाँ पर युद्ध के परिणाम से अत्यंत आशंकित हूँ।

संजय : राजन्! पांडव सेना की रणयोजना देखकर राजा दुर्योधन विस्मित तथा अधीर हो गया और वह रणनीति तथा धनुर्विद्या में पारंगत गुरु द्रोणाचार्य के पास गया और बोला—

वह अपने अथाह सैन्य-ज्ञान के आधार पर सेनापति भीष्म को उचित सलाह दें। पितामह भीष्म ने सशर्त सेनापति का पदभार ग्रहण किया था, ताकि कोई भी उनके

सैन्य-संचालन में हस्तक्षेप न करे, पर द्रोणाचार्य अपवाद माने जा सकते हैं कि वे पांडव सेना के व्यूह के अनुसार अपनी सेना की भी श्रेष्ठ रूप से व्यूह-रचना करने के लिए भीष्म पितामह को परामर्श दें।

धृतराष्ट्र : फिर तो संपूर्ण कौरव सेना में उत्साह और पांडव पक्ष में निराशा फैल गई होगी।

संजय : राजन्, आगे सुनिए। इसके बाद सफेद घोड़ोंवाले श्रेष्ठ तथा विशाल रथ में विराजमान कृष्ण और अर्जुन ने अपने दिव्य शंख बजाए। भीष्म पितामह की युद्ध-घोषणा की जवाबी काररवाई पांडवों की ओर से कृष्ण ने की। इंद्रियों के स्वामी कृष्ण ने पाञ्चजन्य, अर्जुन ने देवदत्त और भेड़िए की भाँति कमरवाले भयानक भीम ने विशाल आकार का अपना पौंड्र शंख बजाया। इसी प्रकार युधिष्ठिर, नकुल और सहदेव ने अपने-अपने शंख बजाए। तत्पश्चात् काशिराज, महारथी शिखंडी, सेनापति धृष्टद्युम्न, राजा विराट, अजेय सात्यकि, राजा द्रुपद, द्रौपदी के पाँचों पुत्रों तथा लंबी भुजावाले सुभद्रापत्र अभिमन्यु ने भी अपने-अपने शंख बजाए। इस तुमुल शब्द-ध्वनि ने आकाश तथा पृथ्वी को भयानक रूप से गुँजाते हुए कौरव दल के हृदयों को विदीर्ण कर दिया। महाराज! इसके बाद हनुमान की छवि अंकित ध्वजावाले रथ पर स्थित अर्जुन ने आपके पुत्रों को युद्ध के लिए तैयार खड़े देखकर तुरंत ही अपना गांडीव धनुष उठाया और इंद्रियों के स्वामी श्रीकृष्ण से कहा।

महाराज! अर्जुन द्वारा इस प्रकार कहने पर महाराज श्रीकृष्ण चंद्र ने दोनों सेनाओं के बीच में भीष्म और द्रोणाचार्य के सामने तथा सभी राजाओं के सामने श्रेष्ठ रथ को खड़ा किया। युद्धक्षेत्र में डटे हुए अपने स्वजन समुदाय को देखकर अर्जुन के अंग शिथिल हो गए। अर्जुन ने कहा, ''हमें ऐसे राज्य से क्या प्रयोजन जो अपने गुरुजन, ताऊ-चाचा, लड़के, दादा, मामा, ससुर, नाती, साले और अन्य संबंधियों को मारकर प्राप्त हो। हम लोग बुद्धिमान होकर भी महान् पाप करने को तैयार हो गए हैं। इससे तो, यदि मुझे शस्त्र रहित धृतराष्ट्र के पुत्र रण में मार डालें तो वह मरना भी मेरे लिए अधिक कल्याणकारक होगा।'' रणभूमि में शोक से उद्विग्न मन वाला अर्जुन इस प्रकार कहकर बाण सहित धनुष को त्यागकर रथ के पिछले भाग में बैठ गया।

धृतराष्ट्र : संजय! यह श्रीकृष्ण क्या ऊटपटाँग बातें कर रहा है। यह युद्धभूमि है, प्रवचन-स्थल नहीं। आत्मा, स्थिर बुद्धि आदि का युद्ध से क्या संबंध है? यदि मेरा प्रिय अर्जुन युद्ध नहीं करना चाहता है तो यह ब्रज का ग्वाला उसे अनावश्यक रूप से युद्ध के लिए क्यों भड़का रहा है? कृष्ण ही युद्ध का संचालन कर रहा है। क्षत्रियों को ये दर्शन तथा शास्त्रों के दुरुह सिद्धांत और सूत्र समझ में नहीं आ सकते। यही मेरे कुटुंब में आग लगा रहा है। क्या युद्धों के नियमानुसार अर्जुन और कृष्ण को अलग नहीं किया जा सकता है? शेष लोग युद्ध करें और वह

अर्जुन को लेकर एक कोने में समझाता रहे।

संजय : हे राजन्! आप अपने पुत्रों के वश में होकर पांडवों के बिना ही सारा राज्य अपने अधीन कर लेना चाहते हैं, इस कारण इस लोक में आपकी खूब निंदा हो ही चुकी, यह पाप परलोक में भी आपका पिंड नहीं छोड़ेगा। आपके द्वारा पृथ्वी पर बड़ा अधर्म फैलेगा। आपके राज्य हस्तिनापुर का अस्तित्व ही मिट जाएगा। यह कर्म आपके योग्य कदापि नहीं है। आपके मंत्री नित्य एकत्रित होकर बैठकें किया करते हैं। उन्होंने पांडवों को राज्य न देने का प्रबल निश्चय कर लिया है। कौरवों के नाश का यही कारण है। आपने ऐसे लोगों का संग्रह किया है, जो विश्वास के योग्य नहीं हैं, तथा आपने अपने विश्वास-पात्रों को तथा राजभक्तों को दंड दिया है। इस दुर्बलता के कारण राजा होते हुए भी अब आप पृथ्वी की रक्षा करने में कभी समर्थ नहीं हो सकते। जहाँ धर्म रहता है, वहीं कृष्ण रहते हैं और जहाँ कृष्ण रहते हैं, वहीं जय रहती है।

हे राजन! करुणा से व्याप्त और आँसुओं से पूर्ण तथा व्याकुल नेत्रों वाले शोकयुक्त अर्जुन को मधुसूदन ने समझाया। श्रीकृष्ण जो प्रवचन दे रहे हैं, वे मानव जाति के कल्याण का राजपथ है। युद्धभूमि जहाँ मानव-जाति के विनाश का स्थल होती है, वहाँ मानव-जाति हेतु कुछ बहुमूल्य निष्कर्षों एवं सिद्धांतों की जनक भी है। इस युद्धभूमि से समग्र मानव-जाति ऐसी भूल दुबारा न करे।

देखो, यदि यह युद्ध के सिद्धांतों का अतिक्रमण होता, तो युद्ध-भूमि में उपस्थित धर्म के पोषक एवं मर्मज्ञ भीष्म तथा द्रोणाचार्य इसका विरोध करते। दूसरी ओर, वे सभी कृष्ण को हाथ जोड़े एकटक उनका प्रवचन सुन रहे हैं। जिनके ऊपर अहं या मोह की परत चढ़ी हुई है, वे श्रीकृष्ण के वार्तालाप को नहीं समझ सकते। ज्ञात होता है कि युद्ध के लिए समय ठहर गया है। श्रीकृष्ण अर्जुन के मित्र हैं। वह अपने मित्र धर्म का पालन कर रहे हैं। एक मित्र अपने मित्र को गलत सलाह नहीं दे सकता। पूर्व में तो कृष्ण ने युद्ध टालने की पूर्ण चेष्टा की थी, पर यह संभव नहीं हो सका। मेरे विचार से महाभारत के युद्ध की भूमिका उस समय बन गई, जब दुर्योधन तथा दुःशासन ने भीम को विष के लड्डू खाने के लिए दिए तथा लाक्षागृह में षड्यंत्र करके आग लगा दी गई तथा आपने षड्यंत्रकारियों को कोई दंड नहीं दिया। अभी तो युद्ध रुकवाना केवल राजन् आपके वश में है, जो आप भी नहीं कर रहे हैं। अतः उत्तम हो कि हम दर्शक की भाँति घटनाओं को देखते रहें। यदि हमने इसमें पात्र बनने का प्रयत्न किया, तो शायद इस विनाश-लीला को देखकर हमें दुःख होगा।

धृतराष्ट्र : हे संजय! यह कृष्ण क्या उलटी-सीधी बातें कर रहा है। कभी वह कहता है कि कर्मयोग ज्ञानयोग से श्रेष्ठ है तो कभी यज्ञ की महिमा-मंडित करता है। मेरे विचार से कर्मयोग और ज्ञानयोग दोनों ही अपनी-अपनी जगह

पर श्रेष्ठ हैं। सांसारिक व्यक्ति के लिए कर्मयोग श्रेष्ठ है एवं यह उसकी प्राथमिकता होनी चाहिए, जबकि एक संन्यासी, संत, मनीषी या राजर्षि के लिए ज्ञानयोग ही श्रेष्ठ है, क्योंकि वह मननशील है तथा ज्ञानयोग के पथ पर चलकर उसके द्वारा अपने इष्ट की प्राप्ति अधिक सहज है। इसी प्रकार यज्ञ से सभी हवन, तर्पण, तप, जप आदि अभिप्रेत हैं। अत: कृष्ण यज्ञ को निष्काम कर्मयोग मानता है। यह शब्द जाल है ? शब्दों को उनके सामान्य अर्थों में संप्रेषित न करके हम उन्हें जनसाधारण के लिए और क्लिष्ट बनाते जा रहे हैं, जिससे वे हमारे दर्शन, संस्कृति तथा आध्यात्मिकता से क्रमश: दूर होते जा रहे हैं।

संजय : हे राजर्षि राजन! समाज के प्रवर्तक वेदों के सार्वकालिक तथा सार्वभौमिक आदेशों को गीता में देश-काल के अनुसार ढालकर उपस्थित किया गया है, ताकि सामान्यजन अपनी विचारधारा तथा परिवेश की परिधि में रहते हुए उन्हें तद्नुसार समझ सकें। सामान्यजन की न गहराई में जाने की क्षमता है और न ही उसे फुरसत। वह तो तत्काल अपनी समस्या का समाधान चाहता है और वह भी अपनी सोच की परिसीमा में। यही विडंबना तो अर्जुन के साथ है। श्रीकृष्ण के स्पष्ट कहने पर भी वह समझना नहीं चाहता है कि उसका कर्तव्य युद्ध करना है। यही कारण है कि कृष्ण को ब्रह्म-यज्ञ का उदाहरण देकर भी उसे विश्वस्त करना पड़ रहा है। वह नहीं समझ पा रहा है कि श्रीकृष्ण कितना महान् वक्तव्य प्रतिष्ठापित

कर रहे हैं, क्योंकि कृष्ण तो उसके सखा मात्र जो हैं। जहाँ तक यज्ञ को कर्मयोग से जोड़ने की बात है, वह भी लोकनायकों को परिस्थिति के अनुसार करनी पड़ती है। यदि इस संसार में सभी ध्यानयोग में लग जाएँ, तो यह संसार कैसे चलेगा? यदि क्षत्रिय ब्राह्मणोचित कार्य करने लगे तो बाहरी शत्रुओं से देश की रक्षा कौन करेगा? यदि हम गुलाम हो जाएँगे तो हमारी संपूर्ण संस्कृति और हमारा तत्त्वज्ञान भी परतंत्रता के प्रभाव से कलुषित हो जाएगा। समाज में संतुलन अत्यावश्यक है, ताकि सभी वर्णों, आश्रमों, तथा सभी वर्गों एवं व्यक्तियों द्वारा अपने लिए नियत कर्मों या धर्मों का भलीभाँति निर्वाह हो सके।

धृतराष्ट्र : हे संजय! ज्ञात होता है कि तुम भी कृष्ण की भाषा में बात करने लगे हो। वह ही अर्जुन को युद्ध के लिए उकसा रहा है, षड्यंत्र कर रहा है। यदि अर्जुन अस्त्र डाल दे, तो यह युद्ध समाप्त ही समझो।

संजय : हे राजन्! जब किसी देश का राजा न्यायसंगत बात यानी सत्परामर्श सुनने से मना करता है, तो उस राज्य का पराभव निश्चित है। राजन! शायद इसलिए विदुर आपको छोड़कर चले गए हैं। मेरे लिए भी यदि जीविका का अन्य साधन होता, तो मैं आपसे दूर चला जाता। आपसे दूरस्थ हो जाने से मुझे कम-से-कम यह डाँट, झिड़की, उलाहने आदि तो नहीं सुनने पड़ते।

धृतराष्ट्र : प्रिय संजय! तुम तो मुझसे नाराज हो रहे हो। भला, तुम्हारे अतिरिक्त मुझे इस अवस्था में युद्ध का विवरण और कौन

सुना सकता है ? तुम्हें तो मैंने यह विशेष दायित्व दिया है। इस कर्तव्य का परित्याग तुम कैसे कर सकते हो ? तुम्हें अपना मंत्री भी मैंने बना लिया है।

संजय : हे राजन्! इस संसार में सभी किसी-न-किसी कर्तव्य रूपी अनुबंध से बँधे हैं और उसकी स्मृति भी रखते हैं। आप विचार कीजिए कि कृष्ण सारथी होते हुए यह युद्ध कैसे रुकवा सकते हैं। उनकी पहुँच केवल अर्जुन तक है, जिसे युद्ध रुकवाने का कोई अधिकार नहीं है। फिर यह बात भी है कि युद्ध का एकतरफा विराम नहीं होता। इस अवस्था में आपका प्रिय दुर्योधन भी उसे स्वीकार नहीं करेगा। वह मात्र राज्य का ही नहीं, पांडवों के रक्त का भी प्यासा हो रहा है। यदि कृष्ण का वक्तव्य इतना ही अर्थहीन, तर्कहीन या सारहीन होता, तो दोनों ओर के योद्धा तथा महर्षि भीष्म, ज्ञानपुंज द्रोण तथा शास्त्र पारंगत कृपाचार्य इस प्रकार हाथ जोड़कर तथा टकटकी लगाकर कृष्ण का संभाषण न सुनते। यह तो केवल आपकी क्षमता में है कि आप एक वाक्य की घोषणा के द्वारा यह युद्ध रुकवा सकते हैं—'मैं यह युद्ध रोकता हूँ।' आप इस समय भी हस्तिनापुर के चक्रवर्ती महाराज हैं तथा आपका आदेश युधिष्ठिर कभी भी टाल नहीं सकता है। आपने यदि राजदरबार में भी युधिष्ठिर को देश निष्कासन का आदेश दिया होता तो वह आपका आदेश शिरोधार्य कर दुर्योधन को सूई की नोक के बराबर भूमि देने की अपनी माँग छोड़कर भी चला जाता। पर

आप तो चुप रहे। आप अनिश्चिय के शिकार बने रहे। आपका अनिर्णय ही विवाद को इस महासंग्राम तक ले आया है। कभी-कभी अनिर्णय ही विवाद को उलझा देता है, पर कभी-कभी अनिर्णय भी निर्णय हो जाता है। इस कारण ही कृष्ण स्थिर-बुद्धि पर विशेष जोर दे रहे हैं। स्थिर-बुद्धि का अर्थ जहाँ निश्चयात्मक बुद्धि है, वहाँ इसका अर्थ शीघ्र बुद्धि भी है, क्योंकि कई बार विलंब के कारण ही अनिर्णय की स्थिति आ जाती है।

□

द्वितीय सर्ग

कर्मयोग

धृतराष्ट्र : हे संजय! यह कृष्ण क्या नई बात कर रहा है? वह अनावश्यक रूप से दोनों सेनाओं का समय बरबाद कर रहा है और मेरे प्रिय अर्जुन को भ्रांति में डाल रहा है।

संजय : हे राजन्! कर्म की इतनी बड़ी व्याख्या संसार में शायद आज तक किसी ने नहीं दी है। कर्म के लिए कृष्ण कहते हैं कि स्वधर्म परायण के लिए कर्म अनिवार्य है। वह सकाम भी हो सकता है, पर उसे सहज तथा स्वाभाविक होना चाहिए। यदि कर्म के साथ आत्मपरीक्षण के द्वारा चित्त की मलिनता धो दी जाए तो यह निष्काम कर्म हो जाएगा। यह ही संसार के प्राणियों के लिए परम लक्ष्य है। इसे बार-बार सभी कालों में दोहराना पड़ता है। अब आप कर्मयोग के गहनातिगहन तत्त्व को सुनिए कि मनुष्य अपने कर्म को पूर्णता की श्रेणी में कैसे ला सकता है।

धृतराष्ट्र : हे मंत्री! क्या सभी लोगों के लिए कर्म आवश्यक है! क्या बूढ़े, बालक तथा बीमार लोग भी कर्म करते हैं?

संजय-धृतराष्ट्र संवाद

संजय : हे आर्य! इस संसार में सभी के लिए कर्म करना अपरिहार्य है, चाहे वह बूढ़ा हो, बालक हो या अस्वस्थ व्यक्ति हो। वे भिन्न प्रकार के कार्य करते हैं जैसे वृद्ध व्यक्ति बैठे-बैठे ईश्वर के नाम का जप ही करते रहते हैं या सत्संग में अपना समय व्यतीत करते हैं, बालक लेटे-लेटे अपने पूरे शरीर को चलाता रहता है या खिलौने से खेलता रहता है तथा अस्वस्थ व्यक्ति डॉक्टर या वैद्य के दिशा-निर्देश के अनुसार योग-व्यायाम करता है। कर्म न करने से सकाम भाव से कर्म करना उत्तम है। नि:संदेह कोई भी व्यक्ति किसी भी काल में क्षणमात्र भी बिना कर्म किए नहीं रह सकता, क्योंकि प्रकृति से उत्पन्न गुणों द्वारा विवश होकर सभी को कर्म करने के लिए बाध्य किया जाता है। यह प्रकृति का नियम है। उठना-बैठना, खाना-पीना, सोना-जागना, सोचना-मनन करना, स्वप्न देखना, ध्यान करना, व्यवसाय करना, नौकरी करना, अध्ययन-अध्यापन करना—ये सब-के-सब कर्म के अंतर्गत आते हैं। विज्ञान के अनुसार प्रत्येक वस्तु पर बाहरी बल लगता ही है। तभी उसकी इस संसार में संतुलन की स्थिति है। यदि वह अच्छा कर्म नहीं करेगा, तो उस पर बुरा कर्म होगा। जो व्यक्ति परिश्रम करके जीवन-यापन नहीं करते, वे चोरों की श्रेणी में आते हैं। अत: कर्म करना व्यक्ति के अस्तित्व के लिए विवशता है।

धृतराष्ट्र : हे संजय! यह कृष्ण क्या बक-बक कर रहा है। वह कोई नई बात तो नहीं कर रहा है। कर्म के साथ यज्ञ और

ज्ञानयोग जोड़ देने से उसका भाषण और भी अस्पष्ट हो गया है। यह तो सभी जानते हैं कि व्यक्ति को अपना कर्तव्य करना चाहिए। यदि क्षत्रियों को ज्ञानयोग पढ़ाया जाए, तो युद्ध कौन करेगा? फिर महापुरुष के पास हम अपनी संतानों को बचपन से ही भेजते आ रहे हैं।

संजय : हे राजन्! आप सत्य कहते हैं कि यदि व्यक्ति अपना-अपना कर्तव्य न करे, तो समाज में हिंसा, अस्थिरता तथा अशांति व्याप्त हो जाएगी। पर यदि प्रत्येक व्यक्ति राग-द्वेष रहित कर्म करे, तो वह समाज हित में महत्त्वशाली होगा। इससे समाज में स्थायी शांति स्थापित हो जाएगी। मनुष्य को उसके लिए अपने हृदय या मन से ईर्ष्या, ममता, मोह तथा आसक्ति को निकाल बाहर करना होगा, अन्यथा उसके ये दुर्गुण इस समाज को ही पतन के पथ पर ढकेल देंगे।

धृतराष्ट्र : हे संजय! कृष्ण ज्ञान की क्या बात करता है? क्या मुझे वेद आदि शास्त्रों का ज्ञान नहीं है? क्या मैं नहीं जानता कि शास्त्र-विहित क्या कार्य हैं?

संजय : हे राजन्! केशव यहाँ ज्ञान तथा विवेक के अंतर स्पष्ट करते हैं। मनुष्य को पुस्तकीय ज्ञान हो सकता है, पर जब तक उस ज्ञान के ऊपर राग-द्वेष आच्छादित रहता है, तब तक यह विवेक की भाँति चमकदार तथा धारदार होकर नहीं निकल सकता। अत: ज्ञान का अर्थ केवल जानना नहीं है, बल्कि उसका विशुद्ध रीति से परिपालन भी है। इसी विवेक की बात केशव अपनी चर्चा में कर रहे हैं।

संजय-धृतराष्ट्र संवाद

धृतराष्ट्र : हे संजय! तुम तो मुझे भीष्म, द्रोणाचार्य, विदुर आदि की भाँति कृष्ण के प्रशंसक ज्ञात होते हो। वह हमारे अर्जुन को क्यों युद्ध करने के लिए बार-बार उकसा रहा है ?

संजय : हे भरतवंशी महाराज! मैंने आपका नमक खाया है, अत: मरते दम तक मैं आपकी आज्ञा का पालन करूँगा। हाँ, मैं यह अवश्य इंगित करूँगा कि आप कहाँ गलत हैं, पर इसके बाद भी आप मुझे कोई आदेश देते हैं, मैं अपने सिर माथे पर रखकर उसका पालन करूँगा। दूसरे यदि कृष्ण ऐसा न करें, तो उनकी तथा उनके मित्र की जग-हँसाई होगी कि वे युद्ध के मैदान से पीठ दिखाकर भाग गए। चलिए, मैं अर्जुन के संशय को तथा उसके कृष्ण द्वारा समाधान को कृष्ण के मुख द्वारा ही आपको सुनाता हूँ, ताकि आप मुझ पर और क्रोधित न हों।

धृतराष्ट्र : हे संजय! यह कृष्ण तो कर्म की बात करता है, पर साथ-साथ संन्यास मार्ग की भी बात करता है। वह सीधा यह क्यों नहीं बताता है कि कौन सा मार्ग श्रेष्ठ है, जिसका आँख बंद करके अनुसरण करने पर मनुष्य को मोक्ष मिल सकता है। फिर क्यों कृष्ण बार-बार यह कहता है कि अर्जुन उसका अनुसरण करे। हमारा अर्जुन भी समझदार है। वह वीर है। उसे पथ-प्रदर्शन की क्या आवश्यकता है ?

संजय : हे राजन्! छोटे मुँह बड़ी बात। यदि आप मुझे क्षमा करें तो मैं साफ-साफ कहूँ।

धृतराष्ट्र : हे संजय! अवश्य ही। कुरुवंश में दूसरों के पक्ष को

धैर्यपूर्वक सुनने की परंपरा है। तुमने तो देखा ही है कि मैं विदुर की प्रतिकूल टिप्पणियाँ तथा सलाह किस धैर्य से सुनता था तथा मनन करता था, पर अंतिम निर्णय मेरा ही रहता था। फिर भी मैंने विदुर को नहीं निकाला, वह स्वयं ही चला गया।

संजय : हे कुरुश्रेष्ठ! तब सुनिए। कर्मयोग और कर्म-संन्यास दोनों ही कल्याण करनेवाले हैं, परंतु कर्मयोग और कर्म-संन्यास में कर्मयोग श्रेष्ठ है। इन दोनों में यम, नियम, आसन, प्राणायाम, प्रत्याहार, धारणा, ध्यान, द्वारा धीरे-धीरे प्रगति हो सकती है। पर कर्मयोग साधन भी है और निष्ठा भी, परंतु संन्यास सिर्फ निष्ठा है, अर्थात् यह अंतिम अवस्था है।

हे महाराज! मानव-जीवन विविधताओं से भरा हुआ है। इस जीवन के लिए कोई भी एक दवा का घूँट नहीं दे सकता है। जैसा व्यक्ति उसका वैसा इलाज। जैसी समस्या उसका वैसा हल। देशकाल के अनुसार ये भी परिवर्तनीय हैं, अर्थात् एक ही समस्या का समाधान युगधर्म के अनुसार भिन्न हो सकता है। इसलिए केशव ने प्राणियों को भिन्न-भिन्न साधन सुझाए हैं। वह कर्मयोग को छोड़कर सांख्य-योग, ज्ञानयोग तथा ध्यानयोग का सफलतापूर्वक अवलंबन कर सकता है। यदि उसे यह भी समझ में न आए तो वह भक्तियोग की शरण में जा सकता है। यदि भक्तियोग में भी उसे ईश्वर का निर्गुण रूप कठिन प्रतीत हो, तो वह ईश्वर की सगुण उपासना कर सकता है। ईश्वर को सभी

मनुष्य एवं उसके सभी विभिन्न साधन समान रूप से प्रिय हैं। जैसे सभी नदियाँ समुद्र में मिलती हैं, यह सभी मार्ग भी परमात्मा तक पहुँचते हैं, फिर कृष्ण ने तो सबसे उत्तम एवं सुगम मार्ग यह बताया है कि यदि मनुष्य के सामने यह संशय उत्पन्न हो कि अमुक काम करना चाहिए या नहीं करना चाहिए, तो उसके लिए उसे अपने अंदर ही विराजमान सारथी आत्मा के पास जाना चाहिए। वही उसे बीच-बीच में गलत काम करने से टोकती रहती है। पर इसके लिए शुद्ध मन अति आवश्यक है, अन्यथा यह अंतरात्मा की आवाज मन, इंद्रियों तथा बुद्धि पर कलुष या कल्मष से आच्छादित होने के कारण क्रमशः दुर्बल होती जाती है तथा व्यक्ति अहम् या काम के प्रभाव में उसे नहीं सुनता। अतः किसी काम के करने में मन या अंतःकरण की गवाही लेना आवश्यक है। वही कर्म करना चाहिए, जिससे अंतरात्मा संतुष्ट हो और जो उसके विपरीत हो, उसे छोड़ देना चाहिए। जो अपनी आत्मा को प्रिय मालूम हो, वही करना चाहिए।

हे राजन्! यह ठीक है कि अर्जुन एक महावीर है, पर इस समय वह व्यामोह की स्थिति में है। वह भी आपकी भाँति एक पथ पूछना चाहता है पर केशव द्वारा समझाने पर भी वह नहीं समझ रहा है। अतः कृष्ण को उसे समग्र जीवन-दर्शन की व्याख्या करनी पड़ रही है। जब कृष्ण उससे युद्ध करने के लिए कहते हैं तो वह परधर्म को दिखाकर विमुख हो जाता है। स्वभावतया

कृष्ण उस अवस्था में उसे विशुद्ध या शुष्क ज्ञान का रास्ता न बतलाकर जनक जैसे महान् पुरुषों के आचरण का अनुसरण करने के लिए कहते हैं। फिर भी वह आश्वस्त नहीं है। इस भ्रमित अवस्था में उनके पास अर्जुन के लिए उनका अनुसरण करने के अतिरिक्त और क्या उपाय है क्योंकि वह ही उस समय स्थूल हैं, उसके सामने है। वास्तव में श्रीकृष्ण ने बचपन में ग्वालवालों को एकत्रित करके इतना बड़ा संगठन खड़ा किया, ताकि मनुष्यगण उनके कार्य से यह प्रेरणा ले सकें कि वे भी साधनहीन होकर सभी कुछ कर सकते हैं तथा कंस जैसे प्रजाहंता तथा शोषक शासक का अंत कर सकते हैं। इसी प्रकार उन्होंने यमुना में कालिया नाग को वश में करके यह सिद्ध किया कि मनुष्य को छोटे-छोटे कार्यों को संपन्न करके संगठित रूप से आगे बढ़ना चाहिए। फिर कृष्ण से अधिक दुःखमय जीवन किसका हो सकता है, जिसने बचपन से ही अपनी माँ का साहचर्य नहीं पाया, शैशवकाल में जनहित के कारण अपनी महान् प्रेयसी राधा से वे दूर चले गए, तब से अब उन्हें अनावश्यक रूप से इस कुरुक्षेत्र में आना पड़ा। उन्हें अपनी यदुवंशी सेना को भी इस महासमर में झोंकना पड़ा, क्योंकि उनकी मान्यता है कि जिसमें अधिकांश लोगों का हित हो, वही धर्म है।

धृतराष्ट्र : हे संजय! तुम भी कृष्ण के समर्थन में बोल रहे हो।

संजय : हे महाराज! आपने सत्य जानना चाहा, इसलिए मैं सत्य बोल रहा हूँ। यदि सत्य कृष्ण की ओर झुक रहा है, तो

इसमें मेरा क्या अपराध है ?

धृतराष्ट्र : अच्छा। तुम अब मुझे युद्धभूमि में घटित आगे का समाचार सुनाओ।

संजय : हे महाराज! श्रीकृष्ण कर्मयोग के माध्यम से ही आत्मोद्धार की अवधारणा को आगे प्रस्तुत कर रहे हैं।

धृतराष्ट्र : हे संजय! मैं तो समझ नहीं पा रहा हूँ कि यह कृष्ण क्या कह रहा है। पहले तो वह मेरे प्रिय अर्जुन को पथभ्रष्ट करके तुरंत अस्त्र उठाकर युद्ध करने की सलाह दे रहा था और अब वह उसे योगी बनने के लिए कह रहा है। वह कहता तो है स्वयं को अर्जुन का मित्र, पर उसके गुरु की भाँति व्यवहार कर रहा है। मुझे तो उसके कर्मयोग की बात बड़ी अच्छी लगी, पर अब वह ध्यानयोग तथा भक्तियोग की ओर जा रहा है, जिससे अर्जुन तो क्या मैं भी इतना बूढ़ा व्यक्ति भ्रमजाल में पड़ता जा रहा हूँ। यह कृष्ण की गोलमाल बात करने की आदत कब जाएगी ?

संजय : हे आर्य! वास्तव में श्रीकृष्ण के उपदेश में कहीं भी विरोधाभास नहीं है। इस प्रकार सभी धर्मग्रंथों में समझाया गया है। विरोधाभास तो हमारे हृदय में है, क्योंकि हम उनकी बातों को अपनी मोहग्रस्त बुद्धि के ऊपर चढ़ाते हैं, जिस कारण वे बार-बार फिसल जाती हैं। वस्तुतः सच्चा योगी अपने स्वधर्म का पालन सर्वप्रथम करेगा। यदि कोई राजा रणभूमि से जंगल की ओर तपस्या करने के लिए पलायन करता है तो हम उसे कायर नहीं तो और क्या कहेंगे ? राजा को प्रजा ने अपने ऊपर आसीन किया

है, ताकि उसकी समस्याओं का समाधान हो तथा उसकी भौतिक समृद्धि हो। राजा प्रजा की भौतिक समृद्धि का प्रतीक तथा उसका संग्राहक है। जब वह राजर्षि हो जाता है तो उसे राजधर्म के साथ-साथ विवेक के पालन की आवश्यकता होती है। फिर, प्रजा में बहुत से ऐसे लोग हैं, जिन्हें राज्य की समृद्धि से कोई प्रयोजन नहीं है। वे अपने दिन-प्रतिदिन के काम में लगे हुए सादा जीवनयापन कर रहे हैं। उनके लिए ईश्वर की भक्ति ही संबल है। चूँकि ये लोग निस्पृह, सरल, निर्धन तथा साधनहीन होते हैं, स्वाभाविक रूप से ये ईश्वर को अधिक प्रिय हैं, जैसे माता को अपनी दुर्बल या अपाहिज संतान से अधिक प्रेम होता है। श्रीकृष्ण के उपदेश ही उनके लिए संबल हैं। श्रीकृष्ण ने तो कह ही दिया है कि कर्मयोग ज्ञानयोग से अधिक श्रेष्ठ है तथा समाज के सुचारु संचालन के लिए सभी के द्वारा कर्मयोग का अवलंबन करना किसी-न-किसी रूप में अपरिहार्य है। पर ये सरल, असहाय भक्त व्यक्तिगत तौर से ईश्वर को अधिक प्रिय हैं। मैं सोचता हूँ कि प्रजापालक राजा को भी अपनी निर्धन तथा असहाय जनता पर विशेष ध्यान एवं स्नेह रखना चाहिए, तभी प्रजा भी राजा को ईश्वर का अवतार मानकर उसकी पूजा करेगी। पर कभी-कभी दिग्भ्रांत प्रजा की स्वामिभक्ति प्राप्त करने के लिए राजा को राजदंड या अपनी शक्ति भी दिखानी चाहिए, जैसे श्रीकृष्ण अर्जुन को अपने स्वरूप या शक्ति का दिग्दर्शन कराते हैं।

संजय-धृतराष्ट्र संवाद

धृतराष्ट्र : हे संजय! तुम्हारे कहने का क्या तात्पर्य है? क्या मैं अपनी प्रजा के प्रति अपने राजधर्म का पालन नहीं कर रहा हूँ! क्या मैंने कर्मयोग में स्वयं को नहीं लगाया है?

संजय : हे राजन्! आप मेरे अन्नदाता हैं। मैं कैसे आपके कार्यों का विश्लेषण कर सकता हूँ? मैं जितना जानता हूँ, वह सूर्य के प्रकाश की भाँति स्पष्ट है। द्वारकाधीश कृष्ण को इस महायुद्ध में स्वयं सम्मिलित होने की आवश्यकता नहीं थी। वह तटस्थ होकर कौरवों तथा पांडवों के वंशों का विनाश देखते, तत्पश्चात् संपूर्ण भारत के राजा बन बैठते। खैर, ऐसा वे कभी भी कर सकते थे तथा कर सकते हैं। पर उन्होंने आगे आकर देश तथा प्रजा के हित में इस युद्ध को टालने की पूरी कोशिश की। जब यह युद्ध न टल सका, तो वे इसमें स्वयं शामिल हुए, ताकि युद्ध के बाद कोई राजा विराट् शक्तिशाली होकर उनका ही राज्य न हड़प ले। राजा को आक्रमण करके ही अपने राज्य को सुरक्षित रखने की नीति अपनानी चाहिए। यदि उसकी ही भूमि पर लड़ाई हुई तो उसकी अथवा उसकी प्रजा की अवश्यमेव पराजय है, क्योंकि वे युद्ध की विनाशलीला से अछूते न रह सकेंगे। दूसरे, यदि राजा की सेना नियंत्रण के बाहर चली जाए तो उसे ऐसे युद्धों में झोंकना आवश्यक होता है। पर, आप देखिएगा कि श्रीकृष्ण इस युद्ध के परिणाम में बिल्कुल भागीदार नहीं होंगे। इससे बड़े निष्काम कर्मयोग का क्या उदाहरण है? उनके इस निष्काम महायज्ञ के फलस्वरूप भारत

को अपना योग्यतम शासक उपलब्ध हो जाएगा।

जहाँ तक राजधर्म का प्रश्न है, उसके लिए तो आपको पितामह भीष्म, गुरु द्रोणाचार्य तथा नीति-निपुण विदुर से पूछना चाहिए। मैं आपका सारथी अवश्य हूँ, पर मैं आपका अनुचर-सारथी हूँ, क्योंकि मैं आपके राजकोष से वेतन पाता हूँ, जबकि कृष्ण अर्जुन के सखा-सारथी हैं। सच्चा मित्र अपने मित्र को गलत पथ पर जाने से रोके, चाहे उसे अपने मित्र से कितनी ही प्रतिकूल बातें कहना पड़े। वह धर्मसंकट की घड़ी में मित्र को उतनी ही प्रतिकूल बातें कहे, जितनी आवश्यक हों। वह धर्मसंकट की घड़ी में मित्र का वैद्य होता है, जो कड़वी दवा पिलाकर उसे ठीक पथ पर लाता है। मित्रों में भी एक ज्येष्ठ होता है, तो दूसरा कनिष्ठ। दोनों का शास्त्रों के अनुसार समान पद होने पर भी समाज की मर्यादा के अनुसार कनिष्ठ मित्र को ज्येष्ठ मित्र की बात ध्यानपूर्वक सुनना चाहिए एवं उस पर मनन करके न्याय के अनुसार उसका पालन करना चाहिए।

धृतराष्ट्र : हे संजय! तुम भी मुझे कृष्ण के अनुयायी ज्ञात होते हो।

संजय : हे अन्नदाता! मैं आपका सेवक हूँ, मैं श्रीकृष्ण का कैसे अनुचर हो सकता हूँ। सभी समय आपके सामने बैठा रहता हूँ, पर जो सत्य है, उसे छिपाना सभी के लिए अधर्म है। मैं उसी धर्म का पालन कर रहा हूँ।

धृतराष्ट्र : अति उत्तम। तुम मुझे कुरुक्षेत्र से आगे का समाचार सुनाओ और अपनी तरफ से कुछ न जोड़ो।

संजय : हे राजन्! अब श्रीकृष्ण भक्तियोग के विषय में बता रहे हैं।

धृतराष्ट्र : हे संजय! श्रीकृष्ण ये क्या ऊटपटाँग बातें करता है कि उसने ही अपनी योगमाया के द्वारा इस संसार की रचना की है। वह ही सभी का नियंता है। यदि ऐसा ही होता तो वह हस्तिनापुर में दुर्योधन को डाँटकर अपने अनुसार चलने के लिए बाध्य नहीं कर सकता था? यदि वह भगवान् ही है तो क्या अर्जुन को समझाने में उसे इतना समय लगना चाहिए?

संजय : हे राजन्! वासुदेव तो सर्वप्रथम अर्जुन को कर्म करने की सलाह ही दे रहे थे। उनके अनुसार रागद्वेष रहित कर्म ही इस जीवन का लक्ष्य है। जब अर्जुन को उनके ज्ञानयोग तथा ध्यानयोग की बातें समझ में न आईं, तो उन्हें अपनी महत्ता का प्रदर्शन करना पड़ा। उपदेश करनेवाले की शक्ति तथा महत्ता प्रकट होने पर सुननेवाले पर उसके कथन का शीघ्र प्रभाव पड़ता है, विशेषत: अर्जुन जैसे व्यामोहित व्यक्ति पर। अर्जुन यह भूल गया है कि उसने अकेले ही विराट नगर के युद्ध में सभी कौरव वीरों को पराजित किया था।

धृतराष्ट्र : हे स्नेही सारथी! मेरा प्रिय अर्जुन तो ठीक ही सोच रहा है कि घर में ही लड़ाई नहीं करनी चाहिए। चाहे संपूर्ण राज्य दुर्योधन के पास रहे या युधिष्ठिर के पास, दोनों एक ही हैं। व्यक्ति को तो अपना जीवनयापन करना है, वह कैसे भी कर सकता है। फिर अर्जुन वीर होने के साथ-साथ

आध्यात्मिक तथा त्यागी व्यक्ति है। उसे राजपाट से मोह नहीं है। यहाँ तो यह चालाक कृष्ण ही उसे युद्ध करने के लिए उकसा रहा है।

संजय : हे भरत श्रेष्ठ! केशव अर्जुन के परम सखा हैं। एक मित्र का कर्तव्य है कि वह अपने मित्र को सही सलाह दे, जो शास्त्र-सम्मत हो। चूँकि अर्जुन एक क्षत्रिय है, इसलिए केशव उससे उसके क्षत्रियधर्म 'वीरभोग्या वसुंधरा' की याद दिला रहे हैं। वे तो निरंतर अर्जुन को स्व-चिंतन करने की आज्ञा दे रहे हैं, क्योंकि सभी ज्ञान, सुख तथा भक्ति का सागर मनुष्य के अंदर ही आत्मा में है। वे समझा रहे हैं कि वस्तुतः अपने से भिन्न दूसरा कोई है ही नहीं। इसलिए ममता और कामना का प्रश्न ही नहीं उठता। रागद्वेष के कारण ही मनुष्य ने जगत्, जीव और परमात्मा में अनेक कृत्रिम भेद पैदा कर लिये हैं, जो उसके जन्म-मरण का कारण है। जो किसी को भी पराया मानता है, किसी का भी बुरा चाहता है, बुरा देखता तथा बुरा करता है और संसार से कुछ भी चाहता है, वह न तो कर्मयोगी हो सकता है, न ज्ञानयोगी हो सकता है और न भक्तियोगी ही हो सकता है।

धृतराष्ट्र : हे संजय! तुमने भी अपना उपदेश प्रारंभ कर दिया है। मुझे तुम्हारा भी ज्ञान समझ में नहीं आ रहा है।

संजय : हे राजन्! इसलिए तो श्रीकृष्ण ने कहा है कि विभिन्न विधियों की परवाह न करके परमात्मा की भक्ति में ध्यान लगाएँ। सब प्राणियों में, सब देवताओं में, समग्र अध्यात्म

में, सब यज्ञों में, सब लोगों में और सब देहों में व्याप्त होकर, उनके न समझने पर भी उनको नचाने वाला एक ही परमात्मा है। चलिए, मैं आपका समय क्यों बरबाद करूँ। इस युग के भगवान् श्रीकृष्ण के श्रीमुख से स्वयं जीवन, जीव एवं जगत् के विषय में सुनें। सर्वप्रथम अपने प्रिय अर्जुन की उन शंकाओं को सुनें, जो वह निरंतर श्रीकृष्ण के सम्मुख उठा रहा है। तत्पश्चात् श्रीकृष्ण से उन शंकाओं का समाधान ग्रहण करें।

धृतराष्ट्र : हे संजय! प्रारंभ में तो कृष्ण अर्जुन को कर्म करने की सलाह देते हैं तथा कहते हैं कि कर्म ही धर्म है। स्वधर्म, परमधर्म है तथा परधर्म से दूर रहना चाहिए। वे यह भी कहते हैं कि तुम सब कुछ भूलकर क्षत्रिय धर्म का पालन करो तथा अस्त्र उठाओ। अब वे क्यों भगवत् प्राप्ति की बात करते हैं। यह तो अर्जुन की भ्रांति नहीं है।

संजय : हे राजन्! कृष्ण और अर्जुन का संबंध केवल योद्धा तथा सारथी का ही नहीं है। जो आप देख रहे हैं, उससे कहीं गहरा एवं पुरातन है। आप तो जानते ही हैं कि कृष्ण की प्रिय बहन सुभद्रा का विवाह अर्जुन के साथ हुआ था तथा अर्जुन की माँ कृष्ण की बुआ थीं। वे दोनों साथ-साथ एक बार यमराज पर भी आक्रमण कर चुके थे। कृष्ण तो वेदों, उपनिषदों तथा पुराणों से सार निकालकर अर्जुन को सुना रहे हैं, ताकि इसके बाद भी कोई भी संशय अर्जुन को कर्तव्य मार्ग से विमुख न कर सके। जितना दूध जैसे गाय का बछड़ा पीता है, वह अर्जुन पिएगा, बाकी इस

संसार के प्राणियों के लिए है।

धृतराष्ट्र : हे सारथी! सारथी का कर्तव्य है कि योद्धा अथवा रथस्वामी की आज्ञानुसार चले, पर ज्ञात हो रहा है कि तुम तो कृष्ण के प्रशंसक हो।

संजय : हे कौरववंश के स्वामी। आप ही देखिए कि कृष्ण अर्जुन के मन के अनुसार एक भी बात नहीं कह रहे हैं, उसे डाँट रहे हैं तथा कायर कह रहे हैं। पर कायर कहने से सही समस्या का हल नहीं होता। जब व्यक्ति विभ्रांति की स्थिति में होता है तो उसे दूसरों के जीवनयापन में भी विरोधाभास दृष्टिगोचर होता है, क्योंकि उसे अपने मन के अनुसार सभी व्यापार दृष्टिगोचर होते हैं। अत: कृष्ण को समग्र जीवन एवं जगत् के आयामों को लेना पड़ रहा है, ताकि अर्जुन फिर से कहीं उस अवस्था में न लौट जाए हताशा तथा निराशा व्यक्तियों के लिए ईश्वर एकमात्र संबल होता है। देखिए, किस सुंदर रीति से कृष्ण इसका वर्णन करते हैं। वे कहते हैं कि अंतकाल में भी पापी तथा चांडाल के द्वारा भी ईश्वर का स्मरण करने से ईश्वर उन्हें प्राप्त हो जाते हैं तथा वे निष्काम भाव से नित्य–निरंतर चिंतन करनेवाले अपने भक्तों का योगक्षेम स्वयं वहन करते हैं।

धृतराष्ट्र : हे संजय! पर मुझे यह भीष्म पितामह का उत्तरायण तथा दक्षिणायन का प्रकरण समझ में नहीं आया। ऐसे तो प्राय: अधिकांश प्राणी ईश्वर तक नहीं पहुँच पाएँगे।

संजय : हे महाराज! इसका अर्थ यह नहीं है। यदि दो में किसी को

एक चुनना पड़े तो वह उत्तरायण में मृत्यु को चुने, क्योंकि वह प्रकाश-पथ है तथा उस मार्ग से देवतागण उसे शीघ्र परमधाम ले जाते हैं। पर दक्षिणायन में मरनेवाले भी योगी पुरुष परमधाम पहुँचते हैं। उनके योगबल में बड़ी शक्ति है। वैसे, मुझे भी यह प्रकरण सामान्य लोगों को भ्रम में डालनेवाला ज्ञात होता है।

धृतराष्ट्र : हे मित्र! मैं तो यह ही समझा कि राजा या क्षत्रिय का धर्म है निष्कामभाव से राज्य करना। फिर यदि राजा या क्षत्रिय ही अध्यात्म में लग जाए और संन्यास ग्रहण कर ले, तो जनता लावारिस हो जाएगी।

संजय : मान्यवर महाराज! आप ठीक ही कहते हैं। पर राजा का धर्म प्रजा के ऊपर शासन करना नहीं, अपितु उसकी पिता-तुल्य सेवा करना है। विद्वानों का कहना है कि राजा को पिता के हितों का वैसे ही ध्यान रखना चाहिए, जैसे एक गर्भवती स्त्री अपने गर्भस्थ शिशु का ध्यान रखती है—अपने से अधिक। अब महापुरुष कृष्ण कहते हैं कि कर्मयोग के साथ भक्तियोग का मधुर समन्वय होना चाहिए, ताकि कर्म करने के पश्चात् परिणाम उत्तम ही न हो, अपितु वह शुष्क भी न हो। वह ऐसा हो कि सभी प्रेमपूर्वक ग्रहण करें। राजयोग में भी कर्म तो करना है, पर फल को फेंकना नहीं है, प्रभु को अर्पण कर देना है। इससे कर्ता का जो कर्म में अहंकार निहित होता है, वह सर्वथा नष्ट हो जाता है। अतः राजयोग वस्तुतः कर्मयोग से एक कदम आगे है। राजयोग कहता है कि कर्मफलों

को छोड़ो मत, बल्कि सब कर्म ईश्वर को अर्पण करते चलो।

धृतराष्ट्र : हे संजय! यदि सभी भक्ति में डूब जाएँ तो कर्म कौन करेगा? यह समाज तो अकर्मण्य हो जाएगा तथा बाहरी शत्रु हमारे राज्य पर आक्रमण करके हमें गुलाम बना लेंगे, क्योंकि किसी भी राज्य की रक्षा केवल सेना ही नहीं करती, बल्कि उस देश के निवासियों की कर्तव्यशीलता तथा नैतिकता भी देश को अंदर से समान रूप से दृढ बनाती है। अत: इस भक्ति–प्रकरण के संबंध में भी मेरा विचार कृष्ण से मिलता नहीं है।

संजय : हे राजन्! केशव का यह अर्थ नहीं है कि व्यक्ति ब्रह्मचर्य तथा गृहस्थाश्रमों में भी भक्ति में संलग्न हो जाए, इन अवस्थाओं में भी कुछ–कुछ भक्ति का समावेष होना आवश्यक है, ताकि कर्मों के फल के समर्पण में सुविधा हो तथा व्यक्ति के ऊपर अहं तथा मोह नियंत्रण न कर सकें। उसी प्रकार वानप्रस्थ तथा संन्यास आश्रम में भक्ति तथा ज्ञान का कर्मयोग से अधिक समावेश हो सकता है, क्योंकि उस समय व्यक्ति वस्तुत: कर्म करने में अक्षम भी हो जाता है। पर यदि कोई व्यक्ति यह इच्छा करे कि वह यकायक वानप्रस्थ में केवल भक्ति में ही योगदान देगा, शायद संभव न हो सके। उसे उसके संस्कार कुछ पहले से ही डालने होंगे। इसी प्रकार चार वर्णों की भी बात है। ब्राह्मणों के कर्मों में जहाँ भक्ति तथा ज्ञान का अधिक समावेश होगा, वहीं क्षत्रिय, वैश्य तथा शूद्र

के कर्मों में कम। शूद्र तो केवल कर्मयोगी ही है तथा क्षत्रिय और वैश्यों में कुछ अंश में भक्ति तथा ज्ञानयोग का कर्मों के साथ समावेश आवश्यक है, अन्यथा उनके कर्मों की गाड़ी चलते-चलते बीच में ही रुक जाएगी, क्योंकि उनके कर्म इतने जटिल तथा संघर्षपूर्ण हैं कि उन्हें ज्ञान तथा भक्तिरूपी उत्प्रेरकों की पग-पग पर नितांत आवश्यकता होती है। इन दोनों के बिना उनके कर्मों में जिस निश्चयात्मक, स्थिर तथा दृढबुद्धि की आवश्यकता है, वह उनमें आ ही नहीं सकती है। इसीलिए आपने अपने क्षत्रिय राजकुमारों को वेद-शास्त्रों के पठन-पाठन के लिए भेजा था।

धृतराष्ट्र : हे संजय! रुको। तुम भी मुझे उपदेश देने लगे हो। मुझे यह नहीं समझ में आता कि पहले तो कृष्ण प्रकृति को शुभाशुभ कह रहे थे। अब कह रहे हैं कि उससे भी संबंध विच्छेद कर लो, तभी गंतव्य प्राप्त होगा।

संजय : हे राजन्। यह सत्य है कि प्रकृति मनुष्य के लाभ के लिए सदा तत्पर रहती है, पर अत्यधिक प्रकृति के साथ लगाव रखना भी आसक्ति होगी। तब यह प्रकृति-प्रेम वस्तुतः पदार्थ या वस्तु प्रेम ही होगा। यह ठीक है कि सम्यक् प्रकृति-प्रेम मनुष्य की वृत्तियों को शांत एवं निर्मल करता है। महाराज! आप तो जानते ही हैं कि अंत में मरते समय व्यक्ति का सबकुछ छूट जाता है, उसका राजपाट, वस्त्र-आभूषण, सौंदर्य तथा शरीर आदि। केवल रह जाती है उसकी आत्मा। क्यों न उस दिन की तैयारी पूर्व से प्रारंभ

कर दे, ताकि उस संसार को छोड़ने पर प्राणी अकेला न अनुभव करे, क्योंकि यह उसकी अपनी संपत्ति होगी बिना दूसरे के ऋण के।

धृतराष्ट्र : हे सारथी! मैं तो तुम्हारी चर्चा सुनते-सुनते थक गया हूँ तथा मुझे नींद आ रही है। मैं नहीं समझ पा रहा हूँ कि इसमें कितना कृष्णार्जुन संवाद है तथा कितना तुम्हारा अपना पुट है। तुम तो मुझे कृष्णार्जुन संवाद यथारूप में कहो, ताकि मैं अपनी निर्मल बुद्धि से उसका नीर-क्षीर विवेक कर सकूँ।

संजय : हे भरत! मैं भी यही चाहता हूँ कि आप कृष्ण के उपदेश की स्वयं व्याख्या करें। वही श्रेयस्कर होगी। अतः यथारूप में आगे कृष्ण-अर्जुन संवाद सुनिए।

□

तृतीय सर्ग

ज्ञानयोग

धृतराष्ट्र : हे संजय! अभी तक तो मैं यही समझता था कि मनुष्य को कर्म ही करते जाना चाहिए, कर्म के फल के विषय में चिंता नहीं करनी चाहिए। प्रथमतः व्यक्ति का कर्म कैसे पूर्ण होगा? यदि उसका विचारण, रूपरेखा, योजना तथा व्यवस्था पहले से नहीं की जाए? दूसरी ओर कृष्ण तो यहाँ तक कह रहे हैं कि मैं ही इस विश्व का नियंता हूँ। सभी कर्मफल मुझमें समर्पित करते चलो। यह उनका अहम् नहीं तो क्या है?

संजय : राजन्! जैसा मैंने समझा है, योगेश्वर कृष्ण किसी भी कार्य की रूपरेखा अथवा योजना बनाने के लिए निषेध नहीं करते हैं। वस्तुतः वे यहाँ पूर्ण सांख्ययोग अर्थात् कारण और करण को ही मान्यता दे रहे हैं, जो एक सार्वभौमिक सत्य है। कोई भी दर्शन तर्कसंगत हुए बिना स्थायी नहीं हो सकता है। भारतीय दर्शन इसलिए सार्वजन्य तथा सार्वकालिक है, क्योंकि वह ठोस तार्किक तथ्यों पर

आधारित है। यही कारण है कि विश्व में जहाँ दूसरी सभ्यताएँ आईं, चली गईं, विनाश के गर्त में समा गईं, भारतीय संस्कृति अपने नित्य-नवीन सौंदर्य तथा प्रकाश के साथ और अधिक देदीप्यमान हो रही है। श्रीकृष्ण ने यह उपदेश देकर भारतीय दर्शन तथा संस्कृति की नए संदर्भ में व्याख्या करके उसे संजीवनी प्रदान की है। उसको एक नया जीवंत रूप दिया है। केशव का कहना यही है कि एक बार कर्म में उतर गए, तो फिर परिणाम की चिंता न करो। हमारे ऋषियों-मुनियों ने भी कहा है कि प्रथम श्रेणी के मनुष्य वे हैं जो कार्य प्रारंभ करने के बाद रुकते नहीं हैं। मेरे विचार में जब भी व्यक्ति भ्रमित होता है तो उसके मस्तिष्क से निराकार ज्ञान वाष्पित हो जाता है और वह अपनी समस्या का तुरंत, तैयार किया हुआ तथा स्थूल हल चाहता है। आपके प्रिय अर्जुन की कुछ ऐसी ही स्थिति है। आपने तो सभी पुत्रों को युद्धशिक्षा के साथ-साथ धर्म की भी शिक्षा दी थी, क्योंकि धर्म-शिक्षा के अभाव में कोई भी योद्धा एक कुशल योद्धा नहीं हो सकता। युद्ध के समय कभी-कभी ऐसे क्षण अथवा मोड़ आते हैं, जहाँ केवल योद्धा का अस्त्र रहता है और उसका मस्तिष्क। उसे तुरंत निर्णय करना होता है, जिसपर दूसरे पक्ष अथवा उसके स्वयं के जीवन अथवा मृत्यु का भाग्य लिखा होता है। उस समय केवल धर्म-शिक्षा ही अस्त्र-शस्त्र के साथ काम आती है। उसके युद्धभूमि में व्यवहार से प्रतीत होता है कि अर्जुन

जो विश्व के सर्वश्रेष्ठ धनुर्धर होने के साथ-साथ एक उत्तम मनुष्य भी है, सबकुछ भूल गया है। श्रीकृष्ण का उपदेश उसके मस्तिष्क के तंतुओं को झकझोर अवश्य रहा है, पर कृष्ण के उपदेश उसके मस्तिष्क पर अंकित नहीं हो पा रहे हैं। ऐसे लौट रहे हैं, जैसे पारस-पत्थर पर लगनेवाले बाण वापस आ रहे हों। इसलिए शायद वासुदेव अर्जुन को अपने माध्यम से परम परमात्मा का स्वरूप दिखा रहे हैं। हम और तुम इस शांत तथा नीरव परिवेश में बैठे अर्जुन की मन:स्थिति का सही आकलन नहीं कर सकते हैं। यह आप भी इनकार नहीं कर सकते कि श्रीकृष्ण के अंदर भी एक आत्मा है और वह हम सभी से अधिक दोषहीन, परिछिन्न, प्रकाशवान तथा निर्मल है। फिर वे एक बार आपके पुत्र दुर्योधन को भी आपकी राज्यसभा में अपने विराट्स्वरूप में झलक दे चुके हैं। कभी-कभी पिता को भी व्यामोहित या निराश पुत्र को भी ठीक-ठीक पथ पर लाने के लिए उसे ढाढ़स बँधाना पड़ता है कि वह सब देख लेंगे, वह उन पर छोड़ दे। वस्तुस्थिति यह है कि जीवन में प्रत्येक व्यक्ति को अपना युद्ध स्वयं लड़ना है, अपना मार्ग स्वयं बनाना है तथा उस पर चलकर अपने भाग्य का निर्माण करना है।

धृतराष्ट्र : हे सारथी! तुम तो अपनी व्याख्या में दूर तक चले जाते हो। मेरे प्रश्नों का सटीक तथा संक्षेप में उत्तर दो। मैं इतने लंबे उत्तर सुनने का अभ्यस्त नहीं हूँ। मैं तो केवल राजाज्ञा देकर उसका अनुपालन सुनने का अभ्यस्त हूँ। क्या ईश्वर

को कर्म का फल अर्पण करने से व्यक्ति, समाज या राष्ट्र को लाभ होता है?

संजय : हे कौरववंश श्रेष्ठ! आपके जैसे प्रश्न, मेरे वैसे ही उत्तर। आप इतने सारगर्भित प्रश्न मेरे सामने रखते हैं कि प्रत्येक प्रश्न के उत्तर में एक पुराण की रचना की जा सकती है। पर न तो मेरी इतनी बुद्धि ही है और उससे कम है मेरे पास ज्ञानकोष तथा उससे भी कम है आपके सामने प्रस्तुत करने का सामर्थ्य। मैं श्रीकृष्ण भी नहीं हूँ कि समस्त ब्रह्मांड के ज्ञान के निचोड़ को आपको सीधे तीन घंटों में सुना सकूँ। मैं तो कृष्ण–अर्जुन संवाद के बीच जो अल्पविराम या पटाक्षेप होता है, उसी बीच आपको पिछले दृश्य का सारांश तथा अगले दृश्य, पर्व या अध्याय की पृष्ठभूमि का आरंभ करता हूँ। मुझे सदैव यही भय रहता है कि आप कहीं मेरे संक्षिप्त आधे–अधूरे तथा बेसुरे उत्तरों से मुझे राजदंड न दे डालें।

धृतराष्ट्र : हे संजय! तुम मेरे सारथी हो तथा सारथी ही राजा की युद्धभूमि में प्राणरक्षा कर सकता है। जब युद्ध में राजा अस्त्र–शस्त्रविहीन या घायल हो जाता है तो स्वामिभक्त सारथी ही उसे बचाकर रणक्षेत्र से वापस लाता है। अतः राजा और सारथी का वही संबंध है, जो संबंध पति–पत्नी, गुरु–शिष्य एवं रोगी–वैद्य के बीच में होता है। इन संबंधों में अचूक गोपनीयता, स्पष्टवादिता, करुणा तथा सहृदयता होना अनिवार्य है। अतः तुम्हें मुझसे डरने का कोई कारण नहीं है। देखो, इस समय तुम्हारे अतिरिक्त

मेरा कौन है? एक मेरी रानी गांधारी है जो इस लोक की सबसे बड़ी पतिव्रता स्त्री है, जिसने मेरे साथ विवाह के बाद अपनी आँखों पर पट्टी लगाकर दूसरी स्त्रियों के समक्ष यह आदर्श स्थापित किया है कि विवाह के पश्चात् पत्नी को पति से स्वयं उत्तम दिखाने का प्रयत्न नहीं करना चाहिए। उसका पद तथा सिंहासन सर्वदा पति से नीचा है। पर वह तो मेरी बातों के जवाब तुमसे भी कटु शैली में देती है। हम दोनों के बीच तो तीन-चार वाक्यों के बाद ही मानसिक द्वंद्व आरंभ हो जाता है। वैसे वह मेरा पूरा आदर-सत्कार करती है तथा मेरे भोजन, विश्राम, तथा शारीरिक सुख का पूरा ध्यान रखती है। पर वैचारिक धरातल पर हम दोनों जैसे उत्तरी एवं दक्षिणी ध्रुव हैं। मेरे पास तो उसके प्रश्नों का उत्तर ही नहीं होता, मैं अनुत्तर हो जाता हूँ तथा उसके समक्ष अधिक समय तक ठहर नहीं पाता। मैं उसके सामने स्वयं को राजा होते हुए भी एक बौना व्यक्ति अनुभूत करता हूँ। अतः तुम्हीं एक व्यक्ति हो, जिसके पास मेरा अहम् आंशिक रूप से तुष्ट होता है। पर तुम भी बीच-बीच में मुझे रोककर मेरे अहम् को बढ़ने नहीं देते हो।

संजय : हे राजाधिराज! अहम् का बढ़ना खतरे से खाली नहीं है; या तो अहम् बढ़ेगा अथवा व्यक्ति। दोनों में एक का अस्तित्व ही संभव है। यही कृष्ण के उपदेश का सार है, जो मैं आपके सामने धृष्टतापूर्वक कहता हूँ तथा जो मेरे अधिकारक्षेत्र के बाहर है। पर मैं अपने महाराजा को

द्वयम श्रेणी में नहीं देखना चाहता हूँ। वे सर्वदा विजयी ही रहें। मैं उनके अहम् सहित सभी शत्रुओं को उनसे कोसों दूर रखने का प्रयत्न करता हूँ। यदि आप बोलें तो मैं आपकी हाँ-में-हाँ मिलाता चलूँ, पर इससे वार्त्तालाप कितना लंबा खिंचेगा, मैं नहीं कह सकता। सामान्यत: इस प्रकार के सार-रहित वार्त्तालाप दो-तीन वाक्यांशों के बाद ही समाप्त हो जाते हैं। हो सकता है कि आपका मन खराब हो जाए, आप उदासीन हो जाएँ, पर यह भी मैं नहीं चाहता। मेरा कर्तव्य है कि आपकी प्रसन्नता, समृद्धि तथा विजय में अपना पूरी शक्ति से योगदान करूँ, चाहे वह आपके लिए कितना ही अल्प हो। महाराज एक बात कहूँ, यदि आप बुरा न मानें! दुर्योधन और आपका संबंध सभी से ऊपर है।

धृतराष्ट्र : हे संजय! फिर तुम ऊल-जलूल बातें कर रहो हो। देखो, मैं भारत का प्रख्यात चक्रवर्ती सम्राट् हूँ। मेरे राज्य में कोई भूखा, प्यासा, गृहविहीन नहीं है। मेरे राज्य की सीमाएँ चारों तरफ से सुरक्षित हैं। कोई बाहरी शत्रु हमारी ओर आँख उठाकर देख भी नहीं सकता। मेरी अक्षौहिणी सेना उसे तुरंत ही धृतराष्ट्र बना देगी। यह तो पारिवारिक लड़ाई है। कोई भी जीतेगा, विजय हमारी ही होगी। देश का धन बाहर नहीं जाएगा। क्या हमारे घरों-परिवारों में झगड़ा नहीं होता? तुम्हारा यह कृष्ण व्यक्ति के जीवन-निर्माण की बात तो करता है, पर शायद उसे हस्तिनापुर जैसे विशाल राज्य का प्रशासन सँभालने का अनुभव

नहीं है। इसलिए कृष्ण राज्य की या समाज की सुरक्षा, शांति तथा समृद्धि-वृद्धि करने की बात नहीं करता है। आज व्यक्ति कितना ही पवित्र, आचरणवान हो जाए, पर वह समूह या समाज के बल के सामने नगण्य है। वह जब अपने घर से निकलता है, और देखता है कि चारों ओर केवल अहंकार, घृणा, हिंसा तथा लूट-खसोट का साम्राज्य है तो वह अकेला कुछ नहीं कर सकता। वह स्वयं को शक्तिहीन तथा नगण्य अनुभव करता है। इसका व्यावहारिक मूल-मंत्र हस्तिनापुर राज्य के पास है, जिसका निर्माण पितामह के निरंतर पथ-प्रदर्शन, द्रोणाचार्य के सैन्य-प्रशिक्षण, कृपाचार्य के विधि-विधान एवं विदुर की नैतिकता के स्तंभों पर टिका हुआ है। हमारे राज्य में जहाँ जनता में व्यक्तिगत स्तर पर शुचिता, धार्मिकता तथा नैतिकता है, वहाँ सामाजिक रूप से वह अभय होकर विचर सकती है। व्यक्ति अपने व्यक्तित्व का समाज के फलक पर विस्तार करके समाज को अपना अप्रतिम योगदान दे सकता है। राज्य की स्त्रियाँ ऐसे विचरण करती हैं, जैसे सिंहनी वन में विहार करती है।

संजय : हे बुद्धिमान राजन्! शायद आपको यह खराब लगा कि श्रीकृष्ण सदैव अपनी भक्ति तथा अपने स्वरूप की बातें करते हैं ? वास्तव में एक आर्यावर्त में दो राजा कैसे रह सकते हैं ? पर श्रीकृष्ण का तात्पर्य अपनी पूजा या अर्चना करवाना नहीं है। वे तो अपने माध्यम से मनुष्य-मात्र के अंदर विराजमान 'आत्मन' को उद्‌बोधित करना चाहते

हैं, ताकि बाहरी आवरणों को हटाकर सभी की आत्मा निर्मल तथा सक्रिय होकर इस मानवलोक का स्वर्गलोक से भी उत्तम निर्माण करे। फिर मनुष्य के इस संशय को काटने के लिए सभी धर्मों के अवतारों ने भी अल्पज्ञान मनुष्य को उनकी शरण में ही जाने के लिए कहा है। जहाँ तक स्वस्थ, सुंदर, सुखी तथा समृद्ध समाज के निर्माण का प्रश्न है, वह तो श्रीकृष्ण की इस सलाह में निहित है कि प्रत्येक व्यक्ति को सदैव परहित की ओर ध्यान रखना चाहिए। 'परहित सरिस धर्म नहीं भाई।' उसके समान कोई धर्म नहीं है तथा मनुष्य तब अपने कर्मों के फल से दूर हो सकेगा अन्यथा नहीं। इसी समर्पण एवं त्याग को श्रीकृष्ण ने यज्ञ की संज्ञा दी है। श्रीकृष्ण कहते हैं कि कभी अधर्म के सामने नहीं झुको। यदि समाज का प्रत्येक व्यक्ति इसी संदेश का अनुपालन करे, तो समाज में शोषण, अन्याय, अत्याचार या हिंसा फैलने व. पूर्व ही समाप्त हो जाएगी। पर मैं आपसे एकमत हूँ कि मनुष्य इतना कायर हो गया है कि वह अपने आसपास चारों ओर तथा समाज में अन्याय के विरुद्ध खड़े होने से घबड़ाता है। वहाँ, आप जैसे प्रजादर्दी तथा प्रजापालक राजाओं की भूमिका महत्त्वपूर्ण है।

धृतराष्ट्र : हे संजय! कृष्ण तो जीवन-सार पहले ही बोल चुके हैं। अब यह भाषणबाजी क्यों जारी है। या तो अर्जुन शीघ्र युद्ध करे अथवा वह युद्धभूमि से पीठ मोड़कर चला जाए। हम युद्ध का दृश्य देखना चाहते हैं, दर्शन नहीं सुनना

चाहते हैं। जब दर्शन की समाप्ति हो जाती है, तब ही युद्ध का बिगुल बजता है।

संजय : हे राजन्! श्रीकृष्ण तो अर्जुन को कर्म के माध्यम से तुरंत युद्ध करने की सलाह दे रहे हैं, पर अर्जुन कुछ भी निश्चयात्मक निर्णय लेने में असमर्थ है। उसकी इस संशयात्मक स्थिति के कारण ही कृष्ण को अपना उपदेश लंबा करना पड़ रहा है, ताकि जीवन-जगत् के सभी पक्षों एवं दिशाओं से उसका विश्लेषण किया जा सके। स्वभावतः कृष्ण के उपदेश का यह ज्ञान अर्जुन से छनकर विभिन्न परिस्थितियों में समस्त मानवता के कल्याण में लगेगा। वासुदेव की स्थिति तो मेरे जैसी है। देखिए, जब अर्जुन ने कहा कि मेरा रथ दोनों सेनाओं के मध्य में ले चलो तो सारथी का कर्तव्य निर्वाह करते हुए न चाहते हुए भी श्रीकृष्ण ने उसके रथ को दोनों सेनाओं के बीच में खड़ा कर दिया। यद्यपि आपका प्रिय पुत्र अधीर हो रहा था, पर भीष्म ने युद्ध के नियमों के अनुसार युद्ध को आरंभ नहीं किया है। उसमें सारथी क्या कर सकता है? अंत में उसे अपने रथ-सवार की आज्ञा का पालन करना ही है, चाहे वह उसकी सलाह माने या न माने। विषम परिस्थिति में ठीक सलाह देना या धर्म की व्याख्या करना प्रत्येक मित्र, पड़ोसी तथा सारथी का कर्तव्य है। उसको मानना या न मानना, रथ-सवार के विवेक पर निर्भर करता है एवं उसका निर्णय ही अंतिम है। सारथी रथ-सवार के विवेक, बुद्धि या निर्णय पर अपना निर्णय

नहीं थोप सकता है। अत: आप ही अपने प्रिय अर्जुन को समझाइए कि वह संशयात्मक स्थिति से उबरकर कुछ भी निर्णय करे तथा कर्मयज्ञ में कूद पड़े।

धृतराष्ट्र : हे संजय! प्रिय अर्जुन को सलाह देने का अधिकार तो मैंने उसी दिन खो दिया था, जब मेरी आज्ञानुसार पांडवों के वन जाने पर उनके लाक्षागृह में आग लगा दी गई। दूसरा जब, मेरी उपस्थिति में द्रौपदी का क्रूरतम अपमान किया गया तथा उसकी लज्जा लूटी गई, तीसरा अवसर मुझे अंतिम बार उपलब्ध हुआ था, जब कृष्ण पांडवों के दूत बनकर मेरे राजदरबार में पधारे थे तथा पांडवों के लिए केवल पाँच गाँवों की याचना कर रहे थे। अब तो, मैं और तुम केवल मूकदर्शक ही बनकर इस युद्ध को देख सकते हैं। शायद इस युद्ध में मेरा अब कोई योगदान बाकी नहीं है। मैंने स्वयं अपने अधिकार का सदुपयोग न करके पुत्रमोह के कारण यह दुरावस्था ला दी है। शायद मेरी सर्वविदित अनिर्णय की स्थिति ही युद्ध के निर्णय में परिवर्तित हो गई है। अत: मनुष्य के लिए निर्णय उतना ही महत्त्वपूर्ण है, जितना अनिर्णय। कभी-कभी अनिर्णय निर्णय से भी अधिक व्यग्र, सक्रिय तथा तीव्र होता है। इसलिए प्रत्येक समाज, जाति या देश में निर्णय का उतना ही सम्मान या भर्त्सना होनी चाहिए, जितनी अनिर्णय की। अच्छा संजय! यह बताओ कि निर्धन व्यक्ति को इस उपदेश से क्या लाभ होगा?

संजय : हे महाराज! श्रीकृष्ण द्वारा इस दृश्य में वर्णित साधना

इतनी सरल है कि अपने ही घर में बैठकर गँवार, देहाती से लेकर अशिक्षित शहरी व्यक्ति, तेजस्वी क्षत्रिय, प्रकांड पंडित तथा अधिकार संपन्न व्यक्ति तक बिना श्रम के इसे कर सकते हैं। इसमें केवल समर्पण योग की आवश्यकता होती है।

□

चतुर्थ सर्ग

विश्वरूप दर्शन

धृतराष्ट्र : हे संजय! अब तुम यह बताओ कि ईश्वरार्पण योग को कैसे साधा जाए और उसे कैसे सरल बनाया जाए?

संजय : हे जिज्ञासु श्रेष्ठ! इसको ही भली-भाँति इस सर्ग में समझाया गया है। बिना किसी की सहायता के योग-साधना की विधि तथा विशिष्ट विभूतियों का वर्णन आप आगे स्वयं कृष्ण के मुखारबिंदु से सुनिए तथा उसमें गोता लगाइए।

धृतराष्ट्र : हे संजय! श्रीकृष्ण संसार के सभी ऐश्वर्य की बातें क्यों करते हैं? वे कहते हैं कि संसार में जो भी सर्वश्रेष्ठ है, वह वे ही हैं। वह उनमें समाया हुआ है। क्या वे राजा से भी बड़े हैं? क्या यह उनका अहंकार नहीं है, जो ऐसा बोल रहा है?

संजय : हे भरतवंशी सम्राट्! इस दृष्टांत को आपको एक भ्रमित व्यक्ति को सही मार्ग पर लाने की दृष्टि से दृष्टिगोचर करना होगा। आप तो ज्ञानवान हैं तथा समझते हैं कि

श्रीकृष्ण ने अपनी बात सारांश में प्रथम सर्गों में कह डाली है, फिर भी अर्जुन का मोह नहीं टूटा है। अतः उन्हें यह कहना पड़ रहा है कि वे ही सर्वश्रेष्ठ पुरुष हैं तथा जो वे कह रहे हैं, वह ही उसके लिए श्रेष्ठ एवं कल्याणकारी है। जब तक व्यक्ति अपने गुरु या सखा को इस संसार में सर्वश्रेष्ठ नहीं मानेगा, वह उनकी बातों या सलाह पर आँख बंद करके विश्वास नहीं कर सकता तथा वह उनसे उत्तम शिक्षक या गुरु के पास जाना चाहेगा। पर यह युद्धभूमि में तो संभव नहीं है। या तो युद्ध करो अथवा कायरों की भाँति पीठ दिखाकर युद्धभूमि से चले जाओ। इसलिए श्रीकृष्ण को अर्जुन को अपना भगवान् रूप दिखाना पड़ रहा है। एक भ्रमित व्यक्ति इस संसार के प्रत्येक क्षेत्र में जब सर्वश्रेष्ठ प्राणियों या वस्तुओं को देखता है तो वह उनके अनुसार ही स्वयं होना चाहता है। पर ऐसा संभव नहीं है। वह जिस परिस्थिति में है, वहाँ ही सर्वश्रेष्ठ हो सकता है। जैसे अर्जुन एक सर्वश्रेष्ठ धनुर्धर ही हो सकता है। वह चाहे तो जंगल का राजा सिंह नहीं हो सकता, पर उसके गुणों के प्रति उसके मन में राग हो सकता है। इसी राग एवं कामना का उन्मूलन करने के लिए श्रीकृष्ण अपने मित्र अर्जुन को समझा रहे हैं कि वह जो कह रहे हैं, ध्रुव सत्य है। जैसे सभी नदियाँ विभिन्न पथ तय करके अंत में समुद्र में मिलती हैं, उसी प्रकार विभिन्न क्षेत्रों के सर्वश्रेष्ठ व्यक्ति, विभूति या सांसारिक ऐश्वर्य मुझमें विलीन हो गए हैं। वास्तव में

यदि व्यक्ति अपनी आत्मा को जाग्रत कर ले, और उस पर से मलिनता को हटा दे, तो उसमें एक पथ का अवलंबन करने से ही यह सभी सर्वश्रेष्ठ गुण समाहित हो जाते हैं, चाहे वे उसके उस संसारी प्रत्यक्ष रूप में परिलक्षित हों या नहीं। वस्तुतः यह कृष्ण का अहंकार नहीं बोल रहा है, बल्कि वे अर्जुन के अहंकार को मिटाने के लिए अपने विराट्स्वरूप का वर्णन कर रहे हैं। कभी-कभी तो अपने निकट व्यक्ति को ठीक रास्ता दिखाने के लिए भय भी दिखाना होता है। मैं आपसे सहमत हूँ कि आप जैसे महाराज में भी वे सभी गुण विद्यमान हैं, पर जब तक राजा धर्म का पालक है। जहाँ धर्म का विलोप हो जाता है, वहाँ से ये विभूतियाँ वैसे ही वाष्पीकृत हो जाती हैं, जैसे ग्रीष्मकाल में जल वाष्पीकृत हो जाता है। वासुदेवनंदन श्रीकृष्ण यद्यपि आपसे छोटे द्वारिकापुरी के ही राजा हैं, पर वे राजा तो हैं ही। दूसरे उन्होंने अपने कार्यों से द्वारिकापुरी की ही नहीं, अपितु समस्त आर्यावर्त की जनता का हृदय जीत लिया है। वे समस्त जन के हृदय-सम्राट हैं। आप तो जानते ही हैं कि नारद जैसे देवर्षि उनकी महिमा का गुणगान समस्त ब्रह्मांड में करते रहते हैं।

धृतराष्ट्र : हे संजय! मुझे यह समझ में नहीं आता है कि कृष्ण कहते हैं कि वे जुआ भी हैं, यमराज हैं तथा मृत्यु हैं। इसका अर्थ है कि वे अशुभ भी हैं।

संजय : हे महाराज! भगवान् श्रीकृष्ण के सामने सभी समान हैं। आप तो जानते हैं कि डाकू भी डकैती डालने के

पूर्व सफलता के लिए भगवान् की उपासना करते हैं, जुआरी भी जुआ जीतने के लिए साधना करता है। पर जो भगवान् की प्रार्थना करके अशुभ काम करते हैं, वे उस अशुभ काम की मर्यादा का पालन करते हैं, जैसे जुआ में पराजित जुआरी ईमानदारीपूर्वक हारी वस्तु को दे देता है। उदाहरणार्थ युधिष्ठिर तथा अन्य पांडवों ने द्रौपदी के अपमान का प्रतिकार नहीं किया, क्योंकि वे दुर्योधन के पहले से ही दास बन चुके थे और दास को विरोध प्रदर्शित करने का कोई अधिकार ही नहीं होता है। अन्यथा यह महाभारत आपके दरबार में उस दिन ही प्रारंभ होकर तुरंत समाप्त हो गया होता। इसी प्रकार जो भगवान् की उपासना या पूजा-अर्चना करके डाका डालते हैं, वे डकैती के साथ-साथ महिलाओं की अस्मिता-इज्जत नहीं लूटते हैं।

धृतराष्ट्र : हे संजय! तुम मुझे द्रौपदी के चीरहरण की घटना को स्मरण कराके और दुखी मत करो। मैं अंधा होने के कारण उस घटना की गंभीरता को अनुभूत नहीं कर पाया। पर भीष्म पितामह बैठे-बैठे क्या कर रहे थे? वे तो दुर्योधन को डाँट सकते थे। उनके सामने तो मेरा भी मुँह नहीं खुलता है। यद्यपि परंपरा के अनुसार मैं राजा हूँ, पर राज्य का कार्यभार तो प्रारंभ से उन्होंने ही सँभाला है। मैं सोचता हूँ कि उन्होंने मेरे अनुज पांडु को राजा बनाकर मेरा जो अपमान किया था, अपनी उसी दुर्बलता के कारण शायद वे मुझे तथा दुर्योधन को न डाँट सके।

संजय : हे महाराज! यथार्थ में श्रीकृष्ण के कथन में कोई विरोधाभास नहीं है। किसी भी वस्तु या विषय को पूर्ण तौर से समझने के लिए यह आवश्यक है कि उसके सभी पक्षों का भली-भाँति अनुशीलन किया जाए। सारांश में श्रीकृष्ण का मत बिल्कुल स्पष्ट है कि इस संसार में जो भी अच्छा या बुरा घटता है, वह उनकी आज्ञा से ही घटता है। अतः व्यक्ति अपने किए हुए पर घमंड न करके राग-द्वेष के दुश्चक्र से बचे।

धृतराष्ट्र : हे संजय! कृष्ण ने कहा है कि वह पाडंवों में अर्जुन है। इसका अर्थ तो यह हुआ कि वह अर्जुन को सभी पांडवों से, यहाँ तक कि धर्मराज युधिष्ठिर से भी अधिक स्नेह करता है। कृष्ण महाकाल कैसे हो सकता है, इसका क्या तात्पर्य है ?

संजय : हे भरत! आप सभी समझते हैं, पर आज अर्जुन को युद्धभूमि से हटाने की कामना से यथार्थ को नहीं समझ पा रहे हैं। अर्जुन केशव को बहुत प्यारा है। श्रीकृष्ण की अर्जुन के प्रति विशेष प्रीति है। वे अर्जुन को एक निष्पापी, निश्चल मनुष्य समझते हैं, जो भ्रम के कारण अपनी स्मृति खो बैठा है। अतः भगवान् उसे वही दवा देने की कोशिश कर रहे हैं, जो उसके जैसे रोगी के लिए कारगर सिद्ध होगी। जहाँ तक कृष्ण ने स्वयं को महाकाल कहा है, उसका अर्थ है कि वास्तव में काल का विस्तार अनादि और अनंत है। स्वयं हमारा जीवन-काल तो मुश्किल से एक सौ वर्ष का है। पर कितना काल बीता है, इसका

कोई हिसाब नहीं। आगे कितना काल है, इसकी कोई गणना नहीं होगी। जैसे विश्व की तुलना में हमारा जगत् सर्वथा तुच्छ है, वैसे ही इतिहास के दस-बीस हजार वर्ष अनंतकाल की तुलना में कुछ भी नहीं है। यह छोटा सा वर्तमानकाल सचमुच कहाँ है, यह बताने जाते हैं, तब तक वह भूतकाल में विलीन हो जाता है, ऐसा यह अत्यंत चपल वर्तमानकाल मात्र हमारा है। इसी तत्त्व को हृदयंगम कराने के लिए श्रीकृष्ण ने अबोध अर्जुन से कहा है कि इस सतत महान् काल नदी को तुम मुझमें ही समाहित समझो, जिसका न उद्गम और न अंत तथा जो उसकी बुद्धि के तो इस समय परे है।

धृतराष्ट्र : हे संजय! तुमने यह नहीं बताया कि श्रीकृष्ण ने अर्जुन को धर्मराज युधिष्ठिर से क्यों श्रेष्ठ कहा? मुझे तो कृष्ण का यह नाटक केवल हमारे पुत्रों की पराजय हेतु पूर्व रचित ज्ञात होता है।

संजय : हे नृपति! वासुदेव का पांडवों के प्रति प्रेम सर्वविदित है, पर उन्होंने आपके पुत्र की भी कभी अवहेलना नहीं की, बल्कि उनके बड़े भाई बलराम ने ही गुरु की भाँति दुर्योधन को गदायुद्ध में पारंगत बनाया है, अन्यथा वह भीम के सामने ठहर ही नहीं पाता। फिर श्रीकृष्ण ने अपनी सभी सेना तो दुर्योधन के पक्ष में दे दी है। वे केवल अकेले ही तो पांडव सेना में हैं और वह भी निहत्थे। यही कारण है कि आपकी सेना पांडवों की सेना से चार अक्षौहिणी अधिक है। यदि कृष्ण को धर्मराज से स्नेह

तथा सहानुभूति है तो अर्जुन से उनका प्रेम तथा अंतरंग संबंध है। अर्जुन रूपी प्रेमी मिल जाने से वे कैसे अलग हो सकते हैं ? अर्जुन से उन्होंने अपनी बहिन सुभद्रा का विवाह करवाया। अर्जुन सुभद्रा के पुत्र अभिमन्यु को युद्धशिक्षा दी तथा अर्जुन के साथ सखा की भाँति काफी समय व्यतीत किया। ऐसे ही एक बार अर्जुन की प्रतिज्ञा को रखने के लिए तथा अर्जुन को आत्मदाह से बचाने के लिए वे अर्जुन के साथ ब्रह्मलोक से मृत ब्राह्मण पुत्रों को यमराज के चंगुल से छुड़ाकर ले आए, जोकि उनकी इच्छा तथा सिद्धांत के प्रतिकूल तथा सृष्टि के नियमों के विरुद्ध था। आपको मानना पड़ेगा कि कृष्ण और अर्जुन का संबंध कुछ अपरिभाषित सा है। मेरी वाणी से उसको स्पष्ट करना संभव नहीं है। जहाँ धर्मराज के धर्मपालन में नीरसता है, वहाँ अर्जुन के धर्मपालन में वैविध्य, चंचल भावना तथा आत्मीयता है। उसी कारण स्नेहमूर्ति अर्जुन की ओर भगवान् श्रीकृष्ण का झुकाव अधिक है। युधिष्ठिर के अनुसार सत्य या धर्म एक सीधी तथा सरल रेखा है, पर अर्जुन के अनुसार इसका उद्देश्य जनकल्याण तथा दूसरों की भलाई है। जहाँ तक कृष्ण द्वारा नाटक करने का प्रश्न है, मेरी मान्यता है कि हम सभी इस विश्वरूपी रंगमंच पर भिन्न-भिन्न रूप बनाकर आते हैं। जब रूपों से भी हमें संतोष तथा शांति प्राप्त नहीं होती है (तब हम मुखौटे लगा लेते हैं।)। हम अपने प्रारब्ध के नाटक को स्वयं अपने कर्म की तूलिका द्वारा लिखते हैं

और फिर स्वयं ही नाटक में सक्रिय रूप से काम करते हैं। उसी भाँति भगवान् भी अनंत नाटक लिखता है और स्वयं अनंत पात्रों के रूप में सजकर रंगभूमि पर अभिनय करता है। पर यदि हम इस अनंत नाटक का एक मुख्य पात्र पहचान लें तो हम सारे पात्र आसानी से पहचान लेंगे। पर शायद हम पात्रों को अपनी सापेक्ष मनबुद्धि से देखते हैं। इस कारण हम पात्रों को उनके सरल, सत्य तथा परिछिन्न रूप नहीं देख पाते हैं।

धृतराष्ट्र : हे संजय! मैं यहाँ पर तुमसे कृष्ण जैसा उपदेश सुनने नहीं बैठा हूँ। तुम युद्धक्षेत्र का वर्णन करो और मुझे बताओ कि विजय किसकी होगी।

संजय : हे महाराज! क्षमा करें। आपसे तो पूज्य व्यासजी ने कहा ही था कि सेना थोड़ी हो या बहुत, योद्धाओं का उत्साहपूर्ण हर्ष ही विजय का प्रधान लक्षण माना गया है। एक-दूसरे को अच्छी तरह जाननेवाले, उत्साही, स्त्री आदि में अनासक्त तथा दृढनिश्चयी पचास वीर भी बहुत बड़ी सेना को रौंद डालते हैं। यदि युद्ध से पीछे पैर न हटानेवाले पाँच-सात योद्धा हों तो वे भी विजय प्राप्त कर सकते हैं। अतः सदा सेना अधिक होने से ही विजय होती है, ऐसी बात नहीं है। युद्धक्षेत्र में तो अभी यही उपदेश चल रहा है। इस उपदेश का इतना सर्वग्राही प्रभाव है कि युद्धक्षेत्र में सभी उसे ऐसे सुन रहे हैं, जैसे ब्रज की बालाएँ या गोपियाँ तथा ब्रज की गायें कृष्ण की वंशी सुनकर थम जाती थीं। जैसे उनके लिए यह जगत्

कुछ क्षणों के लिए रुक गया हो। श्रीकृष्ण अर्जुन को इतना चाहते हैं कि यदि अर्जुन उनसे उनका विश्वरूप के दर्शन कराने के लिए आग्रह करेगा तो वे उसे निराश नहीं करेंगे। स्वभावतः यह सुनकर कि समस्त ब्रह्मांड भगवान् के एक अंश में धारण है तो सामने बैठे अर्जुन के मन में इस विराट् स्वरूप को देखने की इच्छा उत्पन्न हो गई। जब अर्जुन अपने सारथी बने कृष्ण की विभूतियों को नहीं समझ पा रहा है, तो उसे विश्वरूप दर्शन कराने से ही उसके मन तथा बुद्धि से संशय या भ्रम का परदा हटेगा। अब, मैं आपको आगे का कृष्ण-अर्जुन संवाद यथारूप में कहता हूँ।

धृतराष्ट्र : हे संजय! ज्ञात होता है कि कृष्ण का पांडवों के प्रति अगाध प्रेम है तथा अर्जुन के लिए तो वे ऐसे दौड़ पड़ते हैं, जैसे बछड़े को देखकर गाय दौड़ पड़ती है। वे हर हालत में अर्जुन से युद्ध करवाना चाहते हैं। वास्तव में उनके द्वारा शांतिदूत का संदेश, सदुपदेश तथा सारथी का कार्य दिखावा मात्र है। तुमने देखा ही है कि उसने अर्जुन को सहज में ही विश्वरूप दिखा दिया, जो सैकड़ों-हजारों वर्षों की तपस्या के बाद सुलभ होता है। संजय! यह तो अच्छा हुआ कि मैं उसे न देख सका, अन्यथा मैं यह सहन न कर पाता तथा मुझे दुर्योधन को उसकी इच्छा के विरुद्ध युद्ध रोकने के लिए आदेश देना पड़ता।

संजय : हे राजन्! आपने ठीक ही कहा है कि इस विश्व में सभी जनों में परमात्मा विराजमान है। जिस प्रकार माँ के लिए

उसका कुपुत्र तथा सुपुत्र दोनों बराबर होते हैं, उसी प्रकार परमात्मा के लिए इस जगत् में उनके सभी रूप समान प्रिय हैं, यहाँ तक कि भगवान् श्रीकृष्ण ने श्रेष्ठ जुआरी को भी अपना वैभव स्वरूप माना है।

धृतराष्ट्र : हे सारथी! अंधे होने के अनेक लाभ हैं। यदि कोई सावन मास में अंधा हुआ तो उसे पूरा जगत् हरा-भरा ही दिखता है। मेरे जैसे जन्मांधों की तो चाँदी है। तुम तो जानते ही हो संजय कि यह जगत् केवल दु:खों, अतृप्त कामनाओं तथा असफलताओं का ही पिटारा है। केवल कभी-कभी आकाश में चमकनेवाली तड़ित की भाँति ही सुख तथा सफलता के सूक्ष्मदर्शन होते हैं। मैं तो सुन-सुनकर ही जगत् के सुखों से संतृप्त हो गया हूँ। राज्य की समस्याएँ तो भीष्म पितामह हल करते हैं और विदुर सलाह देते थे। मैं तो वास्तव में केवल राज्य करता हूँ। ऐसी ही विरासत मैं दुर्योधन को देना चाहता हूँ। यदि यह कृष्ण बीच में नहीं होता तो शायद युधिष्ठिर कब का मेरी प्रसन्नता के लिए दुर्योधन को राज्य सौंपकर वन चला गया होता। यह कृष्ण तो उसे सामने ही नहीं आने देता है, क्योंकि युधिष्ठिर का दिया हुआ वचन सभी पांडवों को बाँधता है तथा कृष्ण को भय है कि कहीं युधिष्ठिर द्यूत क्रीड़ा जैसी भूल फिर से न दुहरा दे।

संजय : हे क़ुरुश्रेष्ठ! आपको तो स्वयं जीव और जगत् का पूर्ण ज्ञान उपलब्ध है। मुझे कुछ कहने की आवश्यकता ही नहीं, पर राजा की आज्ञा को शिरोधार्य करना मेरा कर्तव्य

है। यह सत्य है कि आपको यह कुरुवंश का राज्य सहज में ही उत्तराधिकार के रूप में प्राप्त हो गया है, पर राजा का कर्तव्य है कि वह प्रजा के कल्याण का पूर्ण ध्यान रखे। प्रजा राजा को पितृवत् मानती है। अत: राजा तो एक पल भी सुखी नहीं रह सकता, जब तक प्रजा के एक व्यक्ति को भी अभाव या कष्ट है। राजा का दायित्व वस्तुत: युद्ध जीतने के बाद प्रारंभ होता है। उसके पहले तो वह एक मात्र योद्धा है। राज्य जीतने के बाद उसे अपनी प्रजा में बिल्कुल भी भेदभावपूर्ण व्यवहार नहीं करना चाहिए तथा सभी को दोनों आँखों से समान रूप से दृष्टिगोचर या अनदेखा करना चाहिए। समानता के मेरुदंड पर ही राज्य का प्रासाद खड़ा है।

धृतराष्ट्र : हे संजय! क्या कृष्ण के विश्वरूप को देखकर महावीर अर्जुन वास्तव में काँप गया था? क्या उसमें कई सूर्यों का प्रकाश तथा दौड़ते हुए सभी लोग उन प्रज्वलित मुखों में प्रवेश कर रहे थे?

संजय : हे महाराज! मैं भी उस विश्वरूप की झलक पाकर विभ्रांत हो गया था। मुझे विश्वास नहीं हो रहा था कि क्या ग्वाल–बालाओं का नेता यही कृष्ण है। क्या शांतिदूत बनकर आने वाला वही शांतचित्त कृष्ण है, जिसने पांडवों के लिए केवल पाँच गाँव माँगकर दोनों पक्षों के बीच समझौता कराना चाहा था। तब सभी ने राजदरबार में उसकी विनम्रता को दुर्बलता समझा था। कुछ क्षण के लिए मेरी बुद्धि कहाँ गायब हो गई तथा मैं भी उस

विश्वरूप का कुछ अंश देखकर भयभीत हो गया था। मेरा मुख सूखने लगा था तथा मेरे मुख से उसका वर्णन करने हेतु उचित शब्द भी न निकल सके। यदि वह धधकता हुआ गोला आपके सामने खड़ा हो जाता तो आप भी महाराज, सहम जाते। महाराज! उस स्वरूप का वर्णन करते हुए ही मेरे रोंगटे खड़े हो रहे हैं। वह नृसिंह अवतार जैसा वीभत्स रूप जैसे सामने सभी योद्धाओं को ग्रास कर रहा था।

धृतराष्ट्र : हे संजय! अब मैं भलीभाँति समझ गया हूँ कि यद्यपि तुम मेरे मंत्री, सखा तथा सारथी हो, पर मानसिक रूप से तुम भी उस यादव कृष्ण के उपासक हो। छोड़ो, अब तुम मुझे उसके उस सौम्य तथा सामान्य रूप का वर्णन करो, जिसे ग्रहण करके उसने अर्जुन को एक मूलमंत्र दिया। मेरा अर्जुन कितना वीर है, जो कृष्ण के विश्वरूप को देखकर भी उससे सहमत नहीं हुआ तथा उसके पढ़ाने में नहीं आया।

संजय : हे राजन्! भगवान् ने अपना पहले वाला मनोहारी रूप दिखाते हुए कहा कि व्यक्ति इस संसार में केवल निमित्त मात्र है। संसार को चलानेवाला तो वह है। सभी उनके भृत्य के रूप में कार्य कर रहे हैं। सार रहित प्रतीत होनेवाला अपना धर्म ही श्रेष्ठ है। अपने धर्म में तो मरना भी श्रेयस्कर है और दूसरों के धर्म के पास भी नहीं फटकना चाहिए। वह भय देनेवाला है। प्रत्येक व्यक्ति को अपने स्वभाव, अपनी प्रकृति के अनुसार स्वधर्म का पालन करना चाहिए।

इसके लिए भगवान् श्रीकृष्ण बिल्कुल सरल तथा सहज उपाय बता रहे हैं, ताकि अर्जुन उनका माध्यम बन सके। हाँ, कृष्ण के अर्जुन के प्रति विशेष प्रेम को मैं अस्वीकार नहीं कर सकता। पर वे शायद अपने अबोध, पर पूर्णत: समर्पित भक्तों पर ऐसा ही स्नेह उड़ेल देते हैं, चाहे वह सगुण हो या निर्गुण। पर उसे अहंकार रहित होना होगा। यही अमृतधारा अब बहनेवाली है, जो अमृत की भाँति मधुर तथा संजीवनदाई है।

□

पंचम सर्ग

भक्तियोग

धृतराष्ट्र : हे संजय! ज्ञात होता है कि कृष्ण अब अर्थपूर्ण बात करता है। यदि हम उसे भगवान् न मानें तो वह जो कुछ कहता है, वह पूर्णतः तर्कसंगत है। मेरे मत से भी सामान्य व्यक्ति के लिए सगुण भक्ति ही सहज पथ है। सगुण भक्ति के सहारे सामान्यजन अपना आत्मविश्वास नहीं खोते तथा ईश्वर द्वारा प्रदत्त फलों की आशा में ही अटके रहते हैं। यदि उन्हें भक्ति का अवलंब न हो, तो वे हम जैसे राजवंशों के घिनौने कृत्यों को देखकर उन्हें रौंद डालेंगे तथा उनके अवशेषों पर विकेंद्रीकृत शासनतंत्र के नए प्रासाद स्थापित करेंगे। इसलिए मैं सोचता हूँ कि भक्तियोग कर्मयोग से उत्तम है तथा कर्मयोग ज्ञानयोग से श्रेष्ठ है। कर्मयोगी और ज्ञानयोगी को तो अंत में भक्ति प्राप्त होती है, पर भक्तियोगी आरंभ से ही भक्ति में लीन रहता है, इसलिए बह सबसे श्रेष्ठ है। ज्ञानयोग में साधक सत्–असत् के विवेक को महत्त्व देकर असत का

त्याग करता है। असत् का त्याग करने से त्यागी की और त्याज्य वस्तु की सत्ता भावरूप में बहुत दूर तक साथ रहती है, इसलिए ज्ञानयोग में असत् का सर्वथा त्याग बहुत देरी से होता है, कर्मयोग में साधक असत् वस्तुओं को त्याज्य न मानकर सेवा सामग्री मानता है, त्याग करने में निकृष्ट वस्तु तो सुगमता से छूटती है, पर अच्छी वस्तु को छोड़ना कठिन होता है। कर्मयोग में अच्छी वस्तु का त्याग ज्ञानयोग की अपेक्षा सुगमता से और शीघ्रता से होता है। अतः ज्ञानयोग से कर्मयोग श्रेष्ठ है। तुम्हारी क्या राय है? क्या तुम मुझसे सहमत हो?

संजय : हे राजन्! वास्तव में भक्तियोग, कर्मयोग या ज्ञानयोग के माध्यम से प्राप्त किए हुए परम तत्त्व में तो कोई अंतर नहीं रहता, किंतु स्वभाव की भिन्नता के कारण आचरणों में कुछ भेद हो सकता है। दूसरी ओर किस अवस्था में, किस योग का बाहुल्य होना चाहिए, यह भी एक गहन मंथन का विषय है। सामान्यतः ब्रह्मचर्य में 75 प्रतिशत ज्ञानयोग की प्राथमिकता रहती है, वहाँ कर्मयोग 20 प्रतिशत है तथा भक्ति योग केवल 5 प्रतिशत विद्यमान रहता है। इसी प्रकार गृहस्थाश्रम में 75 प्रतिशत कर्मयोग, 15 प्रतिशत भक्तियोग तथा 10 प्रतिशत ज्ञानयोग रहता है। वानप्रस्थ में 75 प्रतिशत ज्ञानयोग, 20 प्रतिशत भक्तियोग तथा 5 प्रतिशत कर्मयोग रहता है। संन्यासाश्रम में यह कर्मयोग घटकर शून्य हो जाता है। संन्यासाश्रम में 90 प्रतिशत भक्तियोग एवं 10 प्रतिशत ज्ञानयोग का

समन्वय रहता है। यह प्रतिशत व्यक्ति-से-व्यक्ति तथा देशकाल के अनुसार घट-बढ़ सकता है। उदाहरणार्थ संन्यासाश्रम में किसी संन्यासी में 90 प्रतिशत ज्ञानयोग तथा 10 प्रतिशत भक्तियोग हो सकता है। इस प्रकार भक्तियोगी में मैत्री तथा करुणा के लक्षण पाए जाते हैं। कर्मयोगी मन और इंद्रियों को संयत रखते हुए अनासक्त भाव से कर्मों में उपरामता होती है। इस प्रकार मैं नहीं समझता कि कोई योग अन्य योग से श्रेष्ठ है। वस्तुत: सभी समान हैं।

धृतराष्ट्र : हे संजय! तुम तो मेरी कोई बात मानने को तैयार नहीं हो। इस सिद्धांत को तो मैंने कई विचारशील पुरुषों तथा पंडितों के मुख से सुना है। कृष्ण भी तो कहते हैं,''तुम मेरी शरण में आ जाओ, फिर तुम्हें किसी बात की चिंता करने की आवश्यकता नहीं है।'' भक्त की चिंता फिर ईश्वर की चिंता हो जाती है। पर यह समर्पण पूर्ण होना चाहिए। यह बात ठीक भी है, क्योंकि पूर्ण समर्पण के बिना इष्ट प्रसन्न नहीं होता है। भक्ति में ही पूर्ण समर्पण शीघ्रता तथा सहजता से संभव है।

संजय : हे महाराज! पूर्ण समर्पण की भावना तो किसी भी योग की प्रथम सीढ़ी है। पर मौनी या मननशील व्यक्ति आत्मविश्लेषण करके उसे शीघ्रता से प्राप्त कर लेता है। फिर वानप्रस्थ संन्यासी अथवा पूर्णत: संन्यासी वही है, जो गृहस्थ-आश्रम को छोड़कर पूर्णरूप से मकान, घर आदि का त्याग कर चुका है, जिसको किसी स्थान

विशेष में आसक्ति, ममता अथवा किसी प्रकार का स्वत्व नहीं है। गृहस्थाश्रम में कर्मयोग का बाहुल्य होने के साथ-साथ लक्ष्मी की ठोस साधना का विधान है। वह साधना मूर्तरूप में मुख्यत: घर या मकान के निर्माण में परिलक्षित होती है। अत: वानप्रस्थ तथा संन्यास में इनसे मुक्ति पाना परमावश्यक है। अत: एक आश्रम में जिस वस्तु की प्रधानता रहती है, वही दूसरे आश्रम में नगण्य या महत्त्वहीन सिद्ध हो सकती है। उदाहरणार्थ गृहस्थाश्रम में मनुष्य अपने मकान आदि की व्यवस्था करता है, पर उसी को छोड़ना अगले वानप्रस्थ आश्रम की मुख्य शर्त है। सभी योग, आश्रम या कर्म परिस्थिति के अनुसार ही श्रेष्ठ या त्याज्य हैं, जो सभी मनुष्य या साधक को इसके गंतव्य तक ले जाते हैं, जैसे सभी नदियाँ बहते जल को समुद्र तक ले जाती हैं तथा समुद्र जैसे विशाल हृदय में समाकर सभी अपना अस्तित्व खो बैठती हैं और वे भी समुद्र के नाम से जानी जाती हैं। यही वस्तुस्थिति योगी तथा ईश्वर की है।

धृतराष्ट्र : हे संजय! आपके ईश्वर तो जय-पराजय, दु:ख-सुख, प्रशंसा-निंदा, उष्ण-शीत, मान-अपमान सभी में समान होने के लिए बोल रहे हैं। कुछ देर में तो वे कहेंगे कि माँ-बाप, लड़के, लड़की, पति-पत्नी, मित्रों में भी ममता नहीं रखनी चाहिए। इससे तो यह जीवन नीरस हो जाएगा। लोगों को आगे बढ़ने के लिए प्रेरणास्रोत सूख जाएगा। हमारे राज्य में सभी हाथ-पर-हाथ रखकर बैठ

जाएँगे। इन लाखों-करोड़ों मूर्खों को खिलाने के लिए खाद्यान्न का कौन उत्पादन करेगा? यदि सभी ढोलक, मजीरा लेकर बैठ जाएँ, तो संसार के सभी व्यापार बंद हो जाएँगे। औरत घर का खाना नहीं पकाएगी, कृषक कृषिकार्य नहीं करेगा तथा व्यापारी व्यवसाय नहीं करेगा। केवल समाज में ब्राह्मणों अथवा संतों के सत्संग, उपदेश और प्रवचनों की माँग रहेगी। पर इन प्रवचन-स्थलों की व्यवस्था कौन करेगा? यदि ब्राह्मणों या साधुओं को भी कोई भिक्षा देनेवाला न हुआ तो वे भूखे रहकर कितने वर्षों तक यह कार्य करते रहेंगे?

संजय : हे राजन्! श्रीकृष्ण का संदेश है कि कार्य करते रहो, पर कार्य के ऊपरी शरीररूपी आवरण फल को फेंक दो। उसके अंदर जो आनंद है, उसमें संलग्न हो। वे ममत्वहीन तथा आसक्तिहीन कर्म की शिक्षा देते हैं। वे यह नहीं चाहते हैं कि समाज में प्रतियोगिता का वातावरण न हो। ऐसा होने पर तो समाज मूर्च्छावस्था को प्राप्त हो जाएगा। वे चाहते हैं कि समाज का प्रत्येक व्यक्ति अपने पूर्ण सामर्थ्य, शक्ति तथा योग्यता से समाज के हित के कर्मों में निरंतर योगदान देता रहे, पर वह व्यक्ति तभी अपनी पूरी शक्ति से काम कर सकता है, जब वह उस वेग के साथ संतुलन में हो। जहाँ वह चंचल हुआ, वह उस काम को भी पूर्ण क्षमता से नहीं कर सकता है। इस वेग का संतुलन तभी संभव है, जब व्यक्ति अपनी अपूर्ण इच्छाओं और कामनाओं पर नियंत्रण करे।इस मन पर नियंत्रण केवल

बुद्धि के द्वारा हो सकता है। बुद्धि का निर्मलीकरण या स्थायित्व सत्संग, वेदांत के पठन-पाठन तथा सुविचारों के प्रश्रय द्वारा होता है। अत: श्रीकृष्ण कहते हैं कि व्यक्ति को ऐसे उद्देश्य स्थिर करने चाहिए, जो उसकी क्षमता तथा उसके सीमित साधनों द्वारा संभव हैं। इसलिए महाराज! वे भक्ति के बीच-बीच में कर्म की महत्ता का बयान करने से नहीं चूकते हैं। वे चाहते हैं कि समाज का प्रत्येक व्यक्ति अपने स्वधर्म का आचरण करे। परधर्म विष है। इसी संदर्भ में वे अर्जुन को घर में बैठने तथा भिक्षाटन करने के लिए निषेध करते हैं। हाँ, यदि कर्तव्य निर्वाह करते हुए भी उसमें ईश्वर की भक्ति समावेश हो सकती है, तो व्यक्ति को अवश्य भक्ति करनी चाहिए। भक्ति करने से बुद्धि का निर्मलीकरण होता है। शुष्क कर्म में भावना का युक्ति-संगत समावेश होता है तथा कर्म के फल में समर्पण भावना स्वयमेव प्रवेश करती है।

धृतराष्ट्र : हे संजय! यदि कर्म का जीवन में इतना ही महत्त्व है तो कर्म के साथ ईश्वर को जोड़ने की क्या आवश्यकता है? कर्म ही ईश्वर है। वस्तुत: कर्मजनित घटनाओं की कड़ियाँ संसार को एक सूत्र में पिरोए हुए हैं। जैसे-जैसे घटनाएँ घटती हैं, भविष्य का स्वरूप परिवर्तित होता रहता है। भूतकाल प्रारब्ध भी घटनाओं पर आधारित है। जो घट जाता है, उसे हम विधि का विधान मान बैठते हैं। ऐसी बातों से तो जनता दिग्भ्रांत होती है तथा समाज की समृद्धि की गति मंद हो जाती है।

संजय : हे महाराज! यह सत्य है कि यह संसार एक क्षेत्र है, पर यदि आप घटनाओं के तारतम्य को जोड़ने का प्रयत्न करें तो आखिर में आप थक जाएँगे। आप और हम यह नहीं समझ सकते कि घटनाओं के आदि और अंत का स्रोत क्या है? हम यदि पदार्थों के आपसी टकराव, क्रिया-प्रतिक्रिया अथवा प्रकृति को ही इनका संचालक समझ बैठे, तो भी पूर्ण हल प्राप्त नहीं होता, क्योंकि इस संसार में बहुत सी घटनाएँ मनुष्य के नियंत्रण के बाहर घटती हैं और उन्हें क्षेत्रज्ञ या ब्रह्म की उपस्थिति के बिना समझाना बहुत दुरूह है। फिर यदि मनुष्य घटनाओं से अधिक जुड़ने लगे, तो उसमें अहंकार, ममत्व या अपनत्व का भाव आ जाएगा। वह भी खतरनाक है। फिर आपने देखा ही है कि संपूर्ण ब्रह्मांड के संचालन की अवधारणा इस पृथ्वी का मनुष्य अपने छोटे मस्तिष्क से नहीं कर सकता है। दूसरे ग्रहों के विषय में उसका अधिकारपूर्ण ढंग से विवेचना करना कहाँ तक समीचीन है?

धृतराष्ट्र : हे संजय! तुम तो अपने वार्त्तालाप के माध्यम से गीता से दूर-दुरूह दर्शन की ओर चले जा रहे हो। तुम तो मुझे वही सुनाओ जो युद्ध भूमि में वास्तव में घट रहा है, क्योंकि उसी पर मेरे दुर्योधन तथा कुरूवंश का भविष्य निर्भर है।

संजय : हे कुरुवर! आप श्रीकृष्ण का अर्जुन को दिया गया उपदेश आगे सुनिए। शायद हमारे-आपके बीच यह चर्चा आपको कृष्ण के उपदेश का सार समझने में सहायक हो।

संजय-धृतराष्ट्र संवाद

धृतराष्ट्र : हे संजय! यह कृष्ण तो कर्म, ज्ञान तथा भक्ति की बात करते-करते नीतिशास्त्र की बातें करने लगा है। यह अर्जुन से युद्ध लड़ने के लिए कह रहा है अथवा यादव होते हुए भी ब्राह्मणों जैसे उपदेश दे रहा है?

संजय : हे राजन्! योग करने के पूर्व व्यक्ति को स्वयं को तैयार करना पड़ता है। उसे आध्यात्मिक पृष्ठभूमि तैयार करनी पड़ती है, ताकि वह अपने शरीर के माध्यम से किसी भी योग को संपन्न कर सके। इसके लिए कुछ लोग आसन तथा प्राणायाम करते हैं तो कुछ अपनी इंद्रियों, मन तथा बुद्धि पर नियंत्रण करके नैतिक सिद्धांतों का पालन करते हैं। इससे शरीर में शुचिता आती है। तब कोई भी योगक्रिया सहजता से क्षेत्र या शरीर के द्वारा संभव होती है। जहाँ तक श्रीकृष्ण के क्षत्रिय होने का प्रश्न है, वे अकेले ही अपवाद नहीं हैं। व्यास जी भी हैं जिन्होंने समस्त वेदों की रचना की। अत: वेदों में वर्ण-भेद केवल समाज को सुचारु रूप से चलाने के लिए है। वह ध्रुवसत्य नहीं है तथा व्यक्ति का वर्ण उसके कर्म तथा पुरुषार्थ के कारण समयांतर में परिवर्तित भी हो सकता है। शायद आपको पता ही है कि इस ज्ञान को ग्रहण करने के लिए श्रीकृष्ण ने तेरह वर्ष अपने गुरु के आश्रम में रहकर वेदों, उपनिषदों का समग्र अध्ययन किया और फिर यह वेदांत का सार विश्व को दिया। ऐसा विश्व कल्याण करनेवाला ब्राह्मणों में भी ब्राह्मण है तथा ऋषि-मुनियों में भी महर्षि है। यह सारहीन है कि केवल ब्राह्मण ही उपदेश दे सकता है।

धृतराष्ट्र : हे सारथी। यह कृष्ण नीतिशास्त्र के पश्चात् कभी-कभी शुद्ध तर्क-शास्त्र पर उतर आता है। मुझे तो यह समझ में नहीं आता है कि उसका उपदेश परमात्मा-प्राप्ति का मार्ग दिखाता है अथवा सांसारिक व्यक्तियों को जीवनयापन करने का विशुद्ध मार्गदर्शन देता है। उसने एक श्लोक में तो यह भी कह डाला है कि आत्महत्या पाप है, जबकि व्यक्ति कभी-कभी जीवन से ऊबकर ऐसा करता है। क्या उसे अपने शरीर पर भी अधिकार नहीं है? पांडु जब हस्तिनापुर का सम्राट् बना, तो मैंने भी एकाध बार आत्महत्या करने का मन बना लिया था। पर मैंने वह कर्म गांधारी के भय के कारण नहीं किया।

संजय : हे स्वामी! कृष्ण के उपदेश में यह संदेश सर्वत्र व्याप्त है कि व्यक्ति को अपना स्वधर्म कभी नहीं छोड़ना चाहिए तथा स्वधर्म करने के लिए कर्मयोग अत्यावश्यक है। कर्म करनेवाले से विकर्म करनेवाला अच्छा है तथा विकर्म करनेवाले से कर्तव्य-कर्म करनेवाला तथा इन सबके ऊपर है अकर्म, जो क्रमशः इसी पथ पर उन्नति करने पर प्राप्त होता है। उनका उपदेश संसार के संचालन का मार्गदर्शन है तथा हम सभी के लिए आचार-संहिता। वे जब कारण और करण के सिद्धांत का प्रतिपादन करते हैं तो भौतिकवादियों के बहुत समीप हैं। इसी क्रम में वे आत्महंता व्यक्तियों को शरीर के साथ विश्वासघात करने से रोकते हैं। उनके अनुसार तो हम शरीर के केवल रखवाले या चौकीदार हैं। अतः हमें उसको समाप्त करने का कोई अधिकार नहीं है। उसका रचयिता तो

परमात्मा या प्रकृति है तथा सिद्धांतानुसार स्वामी से पूर्णत: अधिकार रक्षक को कभी प्राप्त हो ही नहीं सकता है।

धृतराष्ट्र : संजय! तुम तो केवल श्रीकृष्ण की हाँ-में-हाँ मिला रहे हो। कभी-कभी अपने महाराजा के साथ भी सहमत हो लिया करो।

संजय : हे महाराज! मैं आपका नमक खाता हूँ। आपके दिए हुए वेतन से मेरे परिवार का पालन-पोषण होता है। मेरे लिए तो आप क्या, आपके रथ के घोड़े भी पूज्य हैं। पर क्या करूँ? मैंने सत्य से समझौता करना नहीं सीखा है। एक बार यदि व्यक्ति सत्य से समझौता कर ले तो उसे नीचे गिरते हुए अधिक देरी नहीं लगती। आप ही तो कहते हैं कि महारानी के सत्य-भाषण से आपको भय लगता है। मुझे भी उस दिन महान् आश्चर्य हुआ, जब महारानी गांधारी ने दुर्योधन को विजय का आशीर्वाद न देकर यह कहा,''**जिस ओर धर्म होगा, उसी ओर विजय होगी।**'' मैं माँ के हृदय को इतना कठोर नहीं समझता था। माँ तो बर्फ की भाँति संतान की ऊष्मा पाते ही पिघल जाती है। मेरे सामने तो उस दिन जैसे पृथ्वी और आकाश दोनों ही फट गए थे।

धृतराष्ट्र : हे सखा! पर क्या करूँ? मेरे सुख-दुःख में चट्टान की भाँति सदैव गांधारी खड़ी रही। वह पतिव्रता स्त्री का एक आदर्श है। आज इस ब्रह्मांड में और कौन स्त्री है, जो स्वामी से सुंदर न बनने की होड़ में स्वयं की आँखों में पट्टी बाँध ले। वह इच्छा-अनिच्छा से मेरे सौ बच्चों की

माँ बनी। वह तो जैसे विवाह के बाद मुझमें समा गई हो। उसने अपना स्वतंत्र अस्तित्व नहीं माना। उसे हस्तिनापुर तथा हमारा कल्याण इतना प्रिय है कि वह अपने भाई शकुनि को भी फूटी आँखों से नहीं देख सकती। मैंने और शकुनि ने ही मिलकर दुर्योधन के अहंकार की विषबेल को इतना बढ़ा दिया कि वह हमारे ऊपर ही नागिन की भाँति फन मार रही है। क्या करूँ? अब क्षत्रिय होकर पीछे भी तो नहीं हट सकता। जैसे अर्जुन को पीछे जाने से लोक उसे कायर कहेगा, वैसे ही दुर्योधन को पीछे ढकेलने से यह संसार हम सभी को कायर कहेगा। इसलिए तुमने ठीक ही कहा है कि यदि व्यक्ति एक बार झूठ का सहारा लेता है तो वह इसी सीढ़ी पर चढ़ता जाता है। उचित होता यदि हमने दुर्योधन को बचपन से पग-पग पर भूल करने से रोका होता अथवा उसे उसकी साध्वी माताश्री के सुपुर्द कर दिया होता। अब तो चौसर बिछ चुकी है। इसमें परिणाम तो निकलकर रहेगा ही। इस युद्ध में निहित हैं सभी के वायदे, प्रतिज्ञाएँ तथा स्वप्न। वे प्रतिज्ञाएँ तथा स्वप्न पूरा करने का एक ही पथ है- वह है युद्ध। या तो क्षत्रिय युद्ध जीतता है अथवा वह मृत्यु को वर लेता है। वह कायर की भाँति अशांत इच्छाओं तथा महत्त्वाकांक्षाओं के साथ क्षत्रिय रूप में जीवित नहीं रह सकता। युद्ध के बगैर शांति वस्तुतः श्मशान घाट की शांति है, जो प्रायः शवों के निरंतर प्रवाह से विच्छिन्न होती रहती है। युद्ध कई समस्याओं का हल भी है। युद्ध से

जनसंख्या कम होती है, लोगों के अहम् टूटते हैं तथा वह मनुष्यों को जीवन के सुंदर सिद्धांतों को अपनाने के लिए प्रेरित करता है। मैं तो इस युद्ध का दुष्परिणाम सोचकर आहत हो उठता हूँ। पर संजय! तुम ही मेरे संबल हो। तुम मुझे युद्ध के विषय में आगे सुनाओ।

संजय : हे राजन्! अभी युद्ध आरंभ होने में देर है। अत: मैं कैसे आपको आगे का समाचार सुना सकता हूँ? आप सत्य ही कहते हैं कि राजदरबार में द्रौपदी का यह प्रण कि वह अपने खुले बालों को तभी बाँधेगी, जब दु:शासन का रक्त उनमें लगेगा। भीमसेन का दुर्योधन की जंघा तोड़ने तथा अर्जुन के द्वारा कर्ण को चुनौती देने की प्रतिज्ञाएँ कैसे पूरी होंगी? इसके अतिरिक्त आपको पता ही है कि शिखंडी ने भीष्म पितामह को मारने के लिए तप किया था तथा उसे वरदान भी प्राप्त हो गया था। तो दूसरी ओर द्रुपद के पुत्र धृष्टद्युम्न ने अपने पिता के शत्रु द्रोणाचार्य के वध की प्रतिज्ञा कर रखी है। इसी प्रकार छोटे-छोटे स्तर तक के लोगों की अपनी-अपनी प्रतिज्ञाएँ हैं, उनका समर्पण है तथा वे अपनी विभिन्न महत्त्वाकांक्षाओं से बँधे हुए हैं। मुझे तो बेचारे श्रीकृष्ण पर दया आती है, जिसका केवल यही अपराध है कि उसने अर्जुन से प्रेम किया है और अपने मित्र के कारण उसे इस महासमर को सामने से देखना पड़ रहा है तथा आवश्यकता पड़ने पर उसमें भागीदारी करनी पड़ रही है। शायद वे भी अपनी सेना के बढ़ते हुए अहंकार को इस युद्ध के माध्यम से नष्ट

करना चाहते हैं, इसलिए तो उन्होंने अपनी संपूर्ण सेना दुर्योधन को दे रखी है।

धृतराष्ट्र : हे संजय! तुम शायद सत्य ही कह रहे हो। यह केवल एक सामान्य युद्ध नहीं है। यह तो मनुष्य के अंतःकरण में उठनेवाले आँधी-तूफान की भाँति युद्ध का प्रकटन है। यह युद्ध बाह्य रूप से संसार में दुष्ट लोगों के संहार का भी एक साधन बनने जा रहा है, ताकि यह संसार साधारण मनुष्य के जीने के लिए उत्तम स्थान हो सके।

धृतराष्ट्र : अच्छा संजय! तुम मुझे कृष्ण का प्रवचन आगे सुनाओ।

संजय : हे राजन्! इस बार श्रीकृष्ण तीन गुणों, सत्वगुण, रजोगुण और तमोगुण से निर्मित इस संसार में इन गुणों की व्याख्या कर रहे हैं तथा हमें बता रहे हैं कि अमुक गुणों या उन गुणों का अंश ग्रहण करने पर अपने लक्ष्य को आसानी से प्राप्त कर सकते हैं तथा अपने जीवन को सफल बना सकते हैं। इन गुणों के अनुसार ही मनुष्य की पहचान हो सकती है।

धृतराष्ट्र : हे संजय! यह कृष्ण तो युद्ध के लिए अर्जुन को तैयार न करके उसे वैराग्य के लिए तैयार कर रहा है तथा युद्धभूमि में धर्म की परतें खोल रहा है। यह यादववीर का कर्तव्य नहीं है। उसे तो यह सभी छोड़कर तुरंत युद्ध के लिए अर्जुन को उत्प्रेरित करना चाहिए।

संजय : हे राजन्! युद्ध में लड़ने के लिए सैनिक को भी वे गुण चाहिए, जो एक संन्यासी के हैं। दूसरे, युद्ध में लड़ने के पूर्व योद्धा को यह जानना चाहिए कि उसका विपक्षी या

शत्रु किन-किन गुणों से लैस है। अस्त्र-शस्त्र तो व्यक्ति ही छोड़ता है। वह इस कर्म में अपने गुणों से पृथक् नहीं हो सकता। सात्त्विक पुरुषों के साथ व्यवहार के पृथक् नियम हैं, राजसी के साथ पृथक् व्यवहार होना चाहिए। उनका वर्गीकरण उनके भोजन के अनुसार हो सकता है तथा उनके बाहरी कर्मों को दृष्टिगोचर करके भी। सात्त्विक पुरुष कोमल, शरीर की वृद्धि करनेवाले, कंदमूलफल तथा हृदय को विकसित करनेवाला अल्प अन्न ग्रहण करते हैं। राजसी व्यक्ति कड़वा, सूखा, खट्टा, नमकवाला, गरम भोजन पसंद करते हैं, जो उनकी कामना बढ़ाता है। तामसिक व्यक्ति स्वादहीन, बासी, अशुद्ध, फेंका हुआ, मिश्रित तथा खराब गंधवाला भोजन ग्रहण करते हैं। सात्त्विक पुरुषों के व्यक्तित्व में शांति, विवेक, मधुरता, करुणा तथा हास्य का अंबार होता है। राजसी व्यक्ति कामना, अहंकार, आसक्ति, लोभी तथा धन का मोही होता है। वह दूसरों से ईर्ष्या रखता है तथा सब समय कर्म के फलों पर गिद्ध की भाँति दृष्टि लगाए रहता है। तामसी व्यक्ति विषय, इंद्रियलोलुप, हठी और दूसरों का अपमान करनेवाला होता है। जैसी बीमारी वैसा इलाज। स्वभावतः वासुदेव अर्जुन को वैद्य बनने के लिए सलाह दे रहे हैं। जिससे वह अपने गुणों को भी पहचान ले तथा शत्रुओं के गुणों को भी और वह युद्ध में ठीक-ठीक निर्णय ले सके।

धृतराष्ट्र : हे सारथी! द्वारिका नरेश कृष्ण का यह उपदेश कितना

लंबा चलेगा? मैं तो यह सुन-सुनकर थक गया हूँ। यदि अगले उपदेश में कोई नतीजा हो तो तुम मेरा समय बरबाद मत करो अन्यथा हम दूसरा राजकाज करते हैं।

संजय : हे महाराज! पर आपका राजकाज में भी मन नहीं लग रहा है। जो राज्य युद्ध में युक्त हो, उसके राजा को कुछ भी अच्छा नहीं लगता। जनता भी केवल युद्ध के समाचार जानने को उत्सुक रहती है। पूरा राज्य जैसे युद्ध में लग जाता है। ठीक भी है। युद्ध केवल रणक्षेत्र में ही नहीं लड़ा जाता है। यह राज्य के प्रत्येक निवासी के मन, उसके गृह तथा उसके कर्मक्षेत्र में लड़ा जाता है। यदि योद्धाओं का उनकी माताएँ, स्त्रियाँ, बहनें, प्रेमिकाएँ, सगे-संबंधी तथा मित्र उत्साहवर्द्धन न करें, तो वह युद्ध पहले से ही हारा समझिए। दूसरे, युद्ध में सैनिकों के लिए प्रचुर अन्न, वस्त्र, ओषधियों आदि की आवश्यकता होती है। उनका भी साथ-साथ युद्ध स्तर पर उत्पादन आवश्यक है। जहाँ तक इस उपदेश में नवीनता का प्रश्न है, मेरे विचार से श्रीकृष्ण के नितांत प्रेमरस से ओतप्रोत भाषण से अर्जुन की श्रवणक्षुधा इतनी बढ़ गई कि वासुदेव जितना भी तत्व निरूपण करते रहें, अर्जुन को वह कम प्रतीत होता है। इसलिए वासुदेव को अनेक ढंग से उदाहरणों सहित अर्जुन को समझाना पड़ रहा है। अब उनके उपदेशात्मक भाषण का अंतिम पड़ाव आ गया है। अब तक श्रीकृष्ण ने जीवन के जो सिद्धांत बताए, उनकी अब परिपूर्णता हो रही है। वेदों का संपूर्ण सार इसमें आ गया है। परमार्थ

की चेतना मनुष्य में उत्पन्न कर देना ही वेदों का कार्य है। मनुष्य के कर्तव्य-पथ को शुष्क न रखने के लिए कृष्ण ने उसके साथ भक्ति-पथ को जोड़ने की सलाह दी है। माँ या स्त्री के प्रेमरस के बिना भोजन स्वादिष्ट नहीं लगता। भक्ति-भाव के कारण कर्म का बोझ नहीं प्रतीत होता। कितना ही काम करो, वह न किए सा मालूम होता है। भक्ति-मार्ग से साधना या कर्म में सुलभता या सहजता आ जाती है, पर कर्म में भक्ति के अतिरिक्त ज्ञान का सम्मिश्रण भी आवश्यक है। जिसकी सेवा मुझे करनी है, उसे कौन सी सेवा अपरिहार्य है, या प्रिय है इसका ज्ञान सेवक को होना चाहिए। जैसे बिना ठीक ओषधि के सेवक अपने स्वामी को ठीक नहीं कर सकता। इसी से जीवन का एक दिव्य रसायन बनेगा, जिससे एक विशाल जीवन-प्रवाह बहेगा, जिसकी कल-कल धारा उस व्यक्ति का कल्याण ही नहीं करेगी, इस भुवन का भी कल्याण करेगी।

धृतराष्ट्र : हे संजय! मैं तो तुम्हारे प्रवचन सुनते-सुनते विरक्त हो रहा हूँ। तुमने फिर उस यादववंशी कृष्ण को भगवान् कहा। यह सरासर अनुचित है। ब्रह्मांड का एक ही परमात्मा है, जो इसका संचालक है। मैं दूसरे को स्वीकार नहीं कर सकता। यदि कृष्ण भगवान् ही होता, तो वह इस महायुद्ध को चुटकियों में टाल सकता था। वह चाहे तो इसको अभी भी समाप्त कर सकता है। उसका यह नाटक मुझे अच्छा नहीं लग रहा है। पता नहीं उसे इस आर्यावर्त के

लोग क्यों इतना सम्मान दे रहे हैं? उसे सभी ने सिर पर उठा रखा है।

संजय : हे भूमिपति! श्रीकृष्ण तो आपके पास तीन बार शांतिदूत बनकर आए थे, पर आपने यह युद्ध नहीं टाला। इसमें श्रीकृष्ण का क्या दोष है? आपका दुर्योधन ही सूई की नोंक के बराबर पांडवों को जमीन देने को तैयार नहीं हुआ। क्या कोई ऐसी चुनौती के सामने मुख मोड़ सकता है? यदि वे अर्जुन को लेकर रणभूमि से पलायन करते हैं तो आप लोग ही उन्हें कायर कहेंगे। मैं डंके की चोट पर यह कहूँगा कि पांडवों में सभी प्रकार की न्यूनताएँ होने पर भी उनका भगवान् कृष्ण से सीधा संबंध होने के कारण, उन्हें सारे आर्यावर्त ने सम्माननीय बना दिया है। श्रीकृष्ण ने यह उपदेश सरल तरीके से दिया, ताकि उसे सभी अपनी आवश्यकतानुसार ग्रहण कर सकें। देखिए, उन्होंने सोलह हजार पटरानियाँ रखकर यह सिद्ध कर दिया कि एक गृहस्थ भी समान रूप से योग में दीक्षित हो सकता है। हमारे शरीर में ही तीनों योग विद्यमान हैं—मस्तिष्क में ज्ञानयोग, ह्रदय में भक्तियोग तथा उदर की उर्जा से संचालित कर्मयोग। इसी प्रकार यदि हम राक्षसों में भी देखें तो पाएँगे कि रावण के वंश में रावण रजोगुण का, कुंभकर्ण तमोगुण का तथा विभीषण सत्वगुण का प्रतीक है।

धृतराष्ट्र : हे सखा! तुम मेरी यह दुर्बलता भाँपकर ही ऐसा कह रहो हो। देखो! मैंने विदुर को सही बात कहने पर मंत्री पद

से निकाल दिया। मेरी पत्नी मेरे साथ पलभर भी सहमत नहीं होती है। मेरा प्रिय दुर्योधन युद्धभूमि में है। अब तुम्हीं मेरे एक मात्र सहारा हो। तुम बुरा न मानो। मैंने तुमसे ऐसा कहकर राजा के धर्म का उल्लंघन किया है। राजा को दूसरों की बात सुनने का धैर्य रखना चाहिए। विशेषतः अपने विरुद्ध कहनेवालों को आसपास रखना चाहिए, ताकि उसके राज्य में न्यूनताओं का समग्र उन्मूलन हो सके तथा वह अपने राज्य तथा स्वयं को विकास के शिखर पर आरूढ़ कर सके। राज्य में चाटुकार तथा विदूषक तो बहुत होते हैं, जो राजा से पुरस्कार प्राप्त करके उन्हीं की पीठ पीछे उनको गाली-गलौच करते हैं। पर तुम जैसे निर्मलीकरण कारक कितने लोग हैं ? हे संजय! तुम मेरे उस वक्तव्य को भूलकर मुझे क्षमा कर दो।

संजय : क्षमा करें मालिक! मेरा परिवार आपकी अनुकंपा से ही चलता है। मैं तथा मेरा परिवार आपका चिरकृतज्ञ तथा ऋणी है। मेरा सौभाग्य है कि मुझे आपसे वार्ता करने का सुअवसर प्राप्त हुआ है, जो कि प्रत्येक राज्य के कर्मचारी का स्वप्न होता है। मेरा काम है निरंतर घोड़ों से वार्तालाप करने का तथा आपके रथ का रख-रखाव करने का। जब तक व्यक्ति इन प्रकृति-जन्य गुणों के प्रभाव से सर्वथा मुक्त नहीं होता, वह गुणों से अतीत विलक्षण परमात्मा के प्रभाव को हृदयगत नहीं कर सकता। इन्हीं गुणों के प्रभाव के कारण अज्ञान जन्मता है तथा फिर वह व्यक्ति को तादात्म्य, ममता और कामना में आबद्ध कर लेता है

और व्यक्ति को अपने अनुसार नाच नचाता है। अतः सामान्य व्यक्ति को माया से बचने के लिए परमात्मा की अनन्य भक्ति का सहारा लेना आवश्यक है।

धृतराष्ट्र : हे संजय! मुझे कृष्ण के वृक्ष का रूपक अति सुंदर लगा। उन्होंने पीपल के वृक्ष का रूपक देकर अलंकारयुक्त भाषा में संपूर्ण विश्व का सारगर्भित विवेचन किया है और जीवात्मा तथा अक्षर पुरुष के लक्षण भी बताए। पर बाद में वे स्वयं को 'पुरुषोत्तम' कहने लगे, यही मेरी समझ में नहीं आया।

संजय : हे राजन्! जिस प्रकार कोई कुशल वैद्य रोगी के शरीर के रोगों का निदान करता है, उसी प्रकार वासुदेव हमारे शरीरों में स्थित रोगों को निकाल देना चाहते हैं, उनको समूल नष्ट करना चाहते हैं। यह तो वास्तविकता है कि श्रीकृष्ण विष्णु के अवतार हैं तथा इस ब्रह्मांड के नियामक हैं, जो उन्होंने अपने विश्वरूप दर्शन से स्पष्ट कर दिया। महाराज! यदि आपने भी यह रूप देखा होता, तो आप यह शंका न उठाते। यदि वे अपने यथार्थ रूप को न बताएँ, वह भी सत्य को छुपाना होगा। फिर उन्हें बालरूपी अर्जुन को भी समझाना है। पर यदि आप पुरुषोत्तम को प्रशस्तिपुरुष भी मान लें, तो चलेगा। प्रत्येक मनुष्य के जीवन में एक आदर्श पुरुष होना अनिवार्य है। वह उसका सद्‌गुरु भी हो सकता है, पत्नी का आदर्श पति हो सकता है या पुत्र का पिता एवं सेवक का स्वामी। इसके ऊपर शरीर, जीवात्मा तथा परमात्मा का संबंध गूढ़ आध्यात्मिक

विषय है, जिसको सभी को समझने की आवश्यकता नहीं है।

धृतराष्ट्र : हे सखा! तुम यह बताओ कि सामान्य मनुष्य किस पथ का अनुसरण करे, जिस पर चलकर उसका तथा समाज का सर्वतोन्मुखी कल्याण हो।

संजय : महाराज! मैंने जो कुछ भी श्रीकृष्ण-अर्जुन संवाद के माध्यम से समझा है, वह आपके सम्मुख रखता हूँ। जो कर्म है वही भक्ति है, वही ज्ञान है। तीनों को एकसाथ मिला देना चाहिए, ताकि वे अलग-अलग न दिखें। मानव का प्रत्येक कृत्य सेवामय, प्रेममय और ज्ञानमय होना चाहिए। यह तब तक नहीं हो सकता, जब तक जीवन की प्रत्येक क्रिया में परोपकार न भरा हो। इसे ही पुरुषोत्तम योग कहते हैं। महाराज! आप तीनों गुण जीतकर आत्मा से देह को अलग कीजिए, आपको अपनी प्रत्येक प्रजा के हृदय में परमात्मा के दर्शन होंगे। राजा के लिए धर्मपालन इसलिए सबसे अधिक सुलभ है क्योंकि वह तो साक्षात् परमात्मा के सामने बैठा है। बस, उसे अपना अंत:करण शुद्ध करके इस यज्ञ में संलग्न होना है। साधारण जन अपने जीवन को सेवामय तथा प्रेममय तो बना लेते हैं, पर वे ज्ञानमय नहीं बना पाते। यदि उनके कृत्य ज्ञानमय भी हो जाएँ, तो आपके साम्राज्य का ही ध्वज इस आर्यावर्त में लहराएगा। अब वासुदेव यह बताने जा रहे हैं कि सेवा, भक्ति और ज्ञान हमारे जीवन में आ गए हैं, यह कैसे समझा जाए। मनुष्य माया में फँसकर अपना स्वरूप भूल

जाता है। वह अपने पिता, परमात्मा के अनंत ऐश्वर्य का अधिकारी है, वह यह भी भूल जाता है। यह डंकिनी माया तीन गुणों के माध्यम से मनुष्य का सर्वस्व हर लेती है और उसके अपने स्वरूप को भुला देती है। यदि मनुष्य ने अपने आत्मस्वरूप परमेश्वर का दर्शन कर लिया तो उसकी अहंकार जनित हृदयग्रंथि छिन्न-भिन्न हो जाती है, उसके समस्त संदेह दूर हो जाते हैं और वह अपने गंतव्य या इष्ट को प्राप्त कर लेता है।

□

षष्ठ सर्ग

दैवी और आसुरी वृत्ति

धृतराष्ट्र : हे सारथि! तुम्हारे माध्यम से सहज भाषा में वासुदेव के उपदेश सुनकर मेरे मन में उनके प्रति श्रद्धा बढ़ रही है। यदि सामान्य मनुष्य के मन में कर्तव्य के विषय में जब मोह या भ्रांति पैदा हो, तब उसे क्या करना चाहिए?

संजय : हे राजन्! कुरुक्षेत्र बाहर भी है और हमारे भीतर भी। बारीकी से देखा जाए, तो जो द्वंद्व हमारे मन में होता है, वही बाहरी जगत् में मूर्तिमान दिखाई देता है। बाहर जो भी शत्रु खड़ा है, वह हमारे ही मन का विकार साकार बनकर खड़ा है। भीतर के और बाहर के युद्ध में कोई अंतर नहीं है। सच पूछिए तो असली युद्ध हमारे भीतर ही है। अतः हमें सद्‌गुणों के सेनापति की सहायता से दुर्गुणों के अप्रत्यक्ष आक्रमणों का सामना करना चाहिए। ये चोर-हमलावर के रूप में विवेक को बेहोश करके व्यक्ति को लूटने में बहुत सक्षम हैं। पर यदि व्यक्ति के सेनापति तथा रक्षक योग्य, सक्षम तथा भलीभाँति प्रशिक्षित हों,

तो चोर-हमले नाकाम हो जाएँगे। तब व्यक्ति अपना विकास करके परिवार के विकास में, समाज, राष्ट्र के और फिर विश्व के स्थायी विकास में अपना योगदान दे सकता है। चोर-हमलावरों की संख्या बड़ी है तथा उसमें प्रमुख हैं—काम, क्रोध, लोभ और मोह; जबकि सद्‌गुणों के सैनिकों की संख्या कम है। पर उसके सैनिक सशक्त हैं—अभय, नम्रता आदि। यदि आसुरी वृत्तिवाले चोर-हमलावर खतरनाक अथवा अधिक शक्तिशाली प्रतीत हों तो तुरंत परमात्मा की शरण में चले जाना चाहिए, जो निस्संग तथा नित्य प्रकाशवान हैं।

धृतराष्ट्र : हे संजय! मैं समझता हूँ कि परमात्मा हम सभी में है, अतः उसको ढूँढ़ने के लिए कहीं जाना नहीं पड़ेगा। उस चिर जाग्रत् को बाहर लाना ही हमारा धर्म है, ताकि वह हमारे मन तथा इंद्रियों के घेरे से बाहर होकर देदीप्यमान हो। वह प्रेम, यश, दान, तप, तीर्थ, व्रत आदि बड़े-बड़े पुण्यकर्मों से नहीं मिलता, प्रत्युत परमेश्वर को अपना मानने से मिलता है। उत्तम होता यदि कृष्ण उस परमेश्वर की राह ही हमें दिखाता।

संजय : हे राजन्! यह सही है कि साधक को सेवा के बदले में कुछ आशा नहीं करनी चाहिए, क्योंकि संसार की हर वस्तु संसार को वापस दे दी, तो इसमें अपना क्या दिया है? प्रभु मेरे लिए हैं, इसलिए स्वयं को उनको समर्पित करना है, उनसे कुछ लेना नहीं है। उनसे कुछ चाहने से हम उनसे भिन्न हो जाएँगे। हमें तो खुश होना चाहिए

कि भगवान् ने इस समय अपना वास्तविक परिचय देकर अत्यंत गोपनीय बात प्रकट कर दी कि वह ही 'पुरुषोत्तम' हैं। नाटक में स्वाँग धारण किए हुए मनुष्य की भाँति भगवान् इस पृथ्वी पर मनुष्य का स्वाँग धारण करके अवतरित होते हैं और ऐसा व्यवहार करते हैं कि अज्ञानी मनुष्य उन्हें नहीं जान पाते।

धृतराष्ट्र : हे संजय! बस बंद करो। तुम्हारे भगवान् का और यशोगान सुनने का समय मेरे पास नहीं है। ज्ञात होता है कि तुम उनके अर्जुन से भी बड़े भक्त हो। तुम मुझे आगे का प्रसंग सुनाओ।

संजय : महाराज! क्षमा करें। मैं अब आसुरी प्रकृतिवाले मनुष्यों के दुर्भाव, दुर्गुण, दुराचार तथा फिर दुर्गति का वर्णन करता हूँ। पर कैसे दैवी-संपदा के साधनों द्वारा निष्कामभाव से विजय प्राप्त की जा सकती है, यह भी बताता हूँ। सुनिए श्रीकृष्ण और अर्जुन का संवाद यथारूप में। श्रीकृष्ण के अनुसार दैवी-संपदा से युक्त मनुष्य के छब्बीस गुण सुनो, निर्भयता, अंतःकरण की परम निर्मलता, ज्ञान और योग में दृढ स्थिति, दान, इंद्रियों को वश में करना, यज्ञ, स्वाध्याय, तप, सरलता, अहिंसा, सत्य, अक्रोध, त्याग, शांति, छिद्रान्वेषण में अरुचि, प्राणियों पर दया, लोभविहीनता, मृदुता, लज्जा, चपलता का अभाव, तेज, क्षमा, धैर्य, शुद्धता, वैरभाव का अभाव और अपने में श्रेष्ठता और महत्ता का अभिमान न होना।

धृतराष्ट्र : हे संजय! कहीं-कहीं तो श्रीकृष्ण बड़ी व्यावहारिक बातें

कर रहे हैं, जैसे वे कह रहे हैं कि आसुरी प्रकृति का व्यक्ति क्या सोचता है, पर इसका अर्जुन से क्या संबंध है ?

संजय : महाराज! वासुदेव अर्जुन को समझा रहे हैं कि उसने आपके कुलीन वंश में जन्म लिया है, जिससे वह दैवी-संपत्ति लेकर ही जन्मा है। यह पूर्व जन्मों का सुफल ही है कि कोई आपके जैसे उच्च कुल में जन्म ले। दूसरे वे यह कहना चाहते हैं कि मनुष्य को सब समय अपने अंतःकरण में दैवी-संपदा ही को धारण करना चाहिए तथा आसुरी वृत्तियों को निकाल बाहर करना चाहिए। आप तो जानते हैं कि उत्तम योद्धा बनने के पूर्व मनुष्य को एक उत्तम मानव बनना आवश्यक है। युद्ध में अस्त्रों से अधिक बुद्धि पैनी होनी चाहिए, क्योंकि वहाँ क्षण-क्षण में आपका निर्णय स्वजीवन को मृत्यु में या मरणावस्था को जीवन में बदल सकता है। बुद्धि को पैनी होने के पहले उसे स्थिर या सम होना आवश्यक है। बुद्धि को सम करने के लिए इंद्रियनिग्रह करने की आवश्यकता है। ब्रह्मज्ञान और भक्ति का मेल करके उसको कर्मयोग में परिणत करना ही वासुदेव का सार उपदेश है। अतः मनुष्य का कर्तव्य है कि वह वर्णाश्रम निहित सब कर्मों को केवल निष्काम बुद्धि से सदैव करता रहे।

धृतराष्ट्र : हे सारथी! यह बात मेरी समझ में आती है कि समाज में दो वृत्तियों, दो संस्कृतियों, अन्य प्रकार से कहें तो दैवी और आसुरी संपत्तियों का झगड़ा चल रहा है। पर उससे

समाज की क्षति न हो, यह हम कैसे सुनिश्चित करेंगे?

संजय : हे नृपति! मनुष्य को सर्वप्रथम अपने कर्तव्य का निर्वाह इस विशाल ब्रह्मांड के प्रति करना चाहिए, जो ईश्वर चला रहा है। दूसरे उसके लिए संगठन, उसके आसपास का परिवेश तथा समाज है अर्थात् हमारा सामाजिक वातावरण, माता-पिता, भाई-बहन, पड़ोसी आदि। तीसरा मनुष्य का स्वयं शरीर है, जो सभी धर्मों का साधन है। इसके लिए यज्ञ, दान और तप का प्रावधान है। यज्ञ का उद्देश्य है कि हमने जो इस सृष्टि की हानि की है, उसे लौटा दें। हम सदैव बलिदान करें। पृथ्वी, जल तथा वायु को उसकी पवित्रता लौटा दें। यज्ञ में जो कुछ करना है, वह स्वार्थ के लिए नहीं, अपितु हमने जो क्षति की है, उसे पूरा करने की कर्तव्य-भावना से ही करना है। हम हल चलाएँ, ताकि पृथ्वी का अपना सौंदर्य लौट आए तथा वर्षा हो। दान का प्रयोग समाज के ऋण चुकाने में किया जाना चाहिए और तप द्वारा हमारे शरीर में उत्पन्न विकार और दोषों को दूर करें। इस प्रकार हम कभी भी अपने कर्मों के फलों की अपेक्षा नहीं कर सकते, क्योंकि फल तो हम पहले ही ले चुके हैं। ऋण तो पहले ही हमारे सिर पर चला आ रहा है।

धृतराष्ट्र : हे संजय! फिर इस जीवन में रखा ही क्या है? यह तो कर्ज का पिटारा है तथा इसे उतारने के लिए मनुष्य को बैल की भाँति हल में जुते रहना है।

संजय : हे राजन्! वास्तव में यह जीवन निरंतर कर्म की प्रक्रिया

है तथा वह उसका ऋण उतारने में सब समय रत है। प्रत्येक समय तो उसकी परीक्षा की घड़ी है। उसे वर्तमान में ही जीना चाहिए, ताकि उसका भविष्य उज्ज्वल हो सके। अतः वर्तमान भी भविष्य की तैयारी का सोपान है। पर मनुष्य काम, क्रोध और लोभ के आवेश में आ जाते हैं तथा अपनी कामना को इतना बढ़ा देते हैं कि वह एक विषबेल बन जाती है। फिर या तो यह विषबेल दूसरे को डसेगी अथवा वह स्वयं ही किसी दूसरे के हाथों नष्ट हो जाएगी। वस्तुतः कुरुक्षेत्र का यह युद्ध कुछ कामनाओं और महत्त्वाकांक्षाओं का ही युद्ध है, जिसमें समग्र आर्यावर्त झोंक दिया गया है।

□

सप्तम सर्ग

सार संदेश

धृतराष्ट्र : हे सखा! शायद मेरी यही सबसे बड़ी भूल थी कि मैंने दुर्योधन की महत्त्वाकांक्षा को नियंत्रित नहीं किया, जिसको शकुनि सदैव सुलगाया करता था तथा कर्ण उसे प्रश्रय देता था। पर मेरा यह भी विश्वास है कि इस जड़ को जमने में भीम की भी महत्त्वपूर्ण भूमिका रही है, क्योंकि भीम भी अपने बल के अहं को अनावश्यक रूप से प्रदर्शित करके दुर्योधन को उकसाया करता था। यदि दुर्योधन के प्रतिद्वंद्वी के रूप में सब समय भीम न खड़ा होता, तो मैं दुर्योधन को शायद सतपथ की ओर मोड़ने में सफल होता। अब पीछे हटने में मेरा भी क्षत्रिय धर्म आड़े आ रहा है।

संजय : हे महाराज! ऐसे ही शासकगण जनता को युद्ध के मुहाने पर धकेल देते हैं, जहाँ से पीछे हटने में जातीय गौरव नष्ट होता है। युद्ध में लाखों-करोड़ों लोगों का रक्त बहता है, लाखों स्त्रियाँ विधवा हो जाती हैं, तत्पश्चात् वर्णशंकर

संतानें उत्पन्न होती हैं और समाज तथा देश की भौतिक संपत्ति की क्षति का तो कहना ही क्या है। उसके बदले में कुछ युद्ध के नायक जन्म लेते हैं, जिन्हें आनेवाली पीढ़ियाँ पूजती हैं। पर मैं आपको उस श्रेणी के शासकों में नहीं रखना चाहता हूँ, क्योंकि महाभारत का यह युद्ध तो पूर्व प्रायोजित था। इस युद्ध के अतिरिक्त कोई चारा ही नहीं था।

धृतराष्ट्र : हे संजय! यह सब छोड़ो। यह बताओ कि तुम्हारे वासुदेव का एक वाक्य में सामान्य जनता के लिए धर्मपालन का क्या संदेश है?

संजय : हे राजन्! यदि वासुदेव के संदेश को कहा जाए तो वे छब्बीस सात्त्विक गुणों को विकसित करने की सलाह देते हैं तथा दंभ, दर्प, अभिमान, क्रोध, निष्ठुरता, अज्ञान आदि आसुरी तत्त्वों से दूर रहने की सलाह देते हैं। उनका एक वाक्य में संदेश है—'निधन होकर भी स्वधर्म का पालन ही मंगलकारक है, क्योंकि परधर्म का पालन भयावह परिणामों का जनक है।' पर धर्माधर्म के निर्णय में शास्त्र ही प्रमाण है।

धृतराष्ट्र : हे संजय! तो क्या स्वधर्म जानने के लिए सामान्य व्यक्ति वेद, उपनिषद् तथा स्मृतियों को लेकर बैठेगा? यह मेरी समझ से परे है। यह तो सामान्य व्यक्तियों के योग्य संदेश नहीं है।

संजय : महाराज! यही तो अर्जुन की शंका थी, जिसका समाधान श्रीकृष्ण ने अब किया है, जिससे मूर्ख, मंद-बुद्धि, मुमुक्षु

भी संसार सागर से पार हो सकें। वे यह भी समझें कि वासुदेव ने उनके लिए सात्त्विक आहार को निर्धारित किया है, ताकि वे उसे ग्रहण कर अपने जीवन को धन्य बना सकें तथा जीवन के परम लक्ष्य को प्राप्त कर सकें। **'जैसा अन्न, वैसा ही मन और जैसा मन, वैसा ही तन।'** तन-मन की शुद्धि से अंतःकरण निर्मल होकर व्यक्ति के कल्याण का राजपथ खुल जाता है।

धृतराष्ट्र : हे संजय भैया! तुम्हारे कृष्ण क्यों बार-बार निष्काम कर्म करने का संदेश दे रहे हैं? वह तो मैं काफी सुन चुका हूँ। क्या उन्होंने कोई नई बात कही है? आशा करता हूँ कि वह बात उनका अंतिम सार-संदेश होगी। जो अंतिम संदेश श्रीकृष्ण ने अपने परम प्रिय सखा, सेवक और शिष्य अर्जुन को दिया है, वह कहो। वे सदैव वनविहार, जलविहार, राजदरबार, यज्ञानुष्ठान में श्रीकृष्ण के साथ रहे हैं। उन्हें अंतपुर में भी साथ-साथ देखा गया। जो अर्जुन से शत्रुता रखता है, वह कृष्ण का शत्रु है, जो अर्जुन का साथ देनेवाला है, वह कृष्ण का साथी है। श्रीकृष्ण के लिए अर्जुन से बढ़कर कोई नहीं है। रणक्षेत्र में अर्जुन की रक्षा करना वे अपना कर्तव्य समझते हैं। इसी प्रकार अर्जुन भी श्रीकृष्ण के लिए प्राणों का परित्याग कर सकते हैं। इसलिए वे अर्जुन को बार-बार सत्य समझा रहे हैं।

संजय : महाराज! यह जीवन का कैसा परिदृश्य है कि जीवन के एक ही आधारभूत मुख्य सिद्धांत को भी श्रीकृष्ण वासुदेव को बार-बार नव-नवीन प्रकार से, विभिन्न परिस्थितियों

के संदर्भ में सटीक उदाहरणों के साथ प्रतिस्थापित करना पड़ रहा है। इस मन का प्रवाह ही विलक्षण है। वह अधोगति की ओर ले जानेवाले कारकों की ओर शीघ्रता से आकर्षित होता है, जबकि सतत्त्वों की ओर जाने के लिए उसे बाहरी अभिप्रेरणा की आवश्यकता होती है तथा उसे उस स्थिति में रखने के लिए बाहरी अभिप्रेरणा की नित्य-निरंतर आवश्यकता होती है। यदि यह मन सहजता से सद्गुणों की ओर मुड़ता तो पुरुषोत्तम को यह कष्ट करने की आवश्यकता नहीं होती, यही जीवन सत्य समझाने के लिए प्रत्येक देश तथा काल में समय-समय पर अवतारों, महापुरुषों तथा मनीषियों को कष्ट करना पड़ता है ताकि, चिरंतन सत्य उस युग के परिवेश में पुनः उजागर किया जा सके। ईश्वरार्पण कर स्वधर्म के अनुसार केवल कर्तव्यभावना से आजीवन कर्म करते रहना ही हमारे जीवन का ध्येय है। मनुष्य का जन्म श्रेयस्कर कर्म के लिए ही हुआ है, न कि भौतिक सुखोपभोग के लिए। श्रीकृष्ण का स्थान-स्थान पर यही संदेश है कि कर्म का त्याग मत करो, फल का त्याग करो। फल-त्याग करने से यज्ञ में सकामता और निषिद्ध कर्म स्वयमेव ही भस्म हो जाएँगे। निशिद्ध कर्म हैं—हिंसात्मक कर्म, असत्यमय कर्म, चौर्य-कर्म आदि, जो फल-त्यागपूर्वक किए ही नहीं जा सकते हैं। बचे हुए उत्तम कार्य अनासक्तिपूर्वक, अहंकार त्यागकर करने चाहिए। अतः फलत्यागरूपी चिंतामणि को गाँठ बाँधकर रखना परमावश्यक है। यदि

हम इस संसार से पलायन या भय की दृष्टि से छोटे-छोटे कर्मों से बचना चाहेंगे, तो दूसरे बड़े कर्म सिर पर सवार हो जाएँगे। जो कर्म सहजरूप से प्रवाह-प्राप्त हैं, उनका त्याग करने में यदि कोई अपनी ऊर्जा खर्च करेगा, प्रवाह के विरुद्ध जाना चाहेगा तो अंत में वह थककर जलराशि के साथ बह जाएगा। कोई भी व्यक्ति एक क्षण भी बिना कर्म किए नहीं रह सकता। यदि वह क्रिया नहीं करेगा, तो स्वतः प्रतिक्रिया उसे उसकी स्थिति से बाहर फेंक देगी। महान् पुरुष या जीवन में सफल पुरुष इस कर्म के इस सहज प्रवाह को अपने अनुसार मोड़ते हैं। हे राजन्! इन विशद उपदेशों के अतिरिक्त भगवान् श्रीकृष्ण ने अभी-अभी केवल तीन शब्दों का उच्चारण करने में मानव के कल्याण का मूल सूत्र दिया है। वह है ओउम्, तत्, सत्। यदि वह तीन शब्दों का उच्चारण करने में आलस्य एवं प्रमाद करता है तो वह केवल एक महाशब्द 'ओम' 'ॐ' के सहारे इस भवसागर से पार उतर सकता है। यदि व्यक्ति एक शब्द का सहारा नहीं ले सकता, तो वह इस पृथ्वी पर बोझ ही माना जाएगा। ये सभी सूत्र मानव-जाति के हित के लिए स्थापित कर वासुदेव सार-संक्षेप में अपनी बात कह रहे हैं, ताकि आपके अर्जुन का व्यामोह दूर हो। इसके अतिरिक्त उन्होंने समस्त प्राणियों को सत्, रज, तामस श्रेणियों में बाँटकर दिशा-निर्देशन का महान् कार्य किया है।

धृतराष्ट्र : हे सारथी! कृष्ण अनावश्यक रूप में इस युद्ध में भाग

ले रहे हैं। यदि सभी को अपने कर्मों के अनुसार फल मिलना ही है, तो उसमें दूसरा कोई क्या कर सकता है? पर संजय! तुम अपना मंतव्य संक्षेप में कहो। यहाँ कृष्ण के मंतव्य को थोड़े समय के लिए विराम दे दो।

संजय : हे राजन्! कर्म अविनाशी है। उसका फल प्रारब्ध से ही चलता है तथा अगले जन्म तक चलता रहता है। अतः सभी को निरंतर कर्म करते रहना चाहिए। संन्यासी को भी धर्म-संस्थापना के लिए लोकसंग्रही कार्य करने की मान्यता है। क्षत्रिय के लिए कहा गया है कि वह स्नान, संध्या और पूजापाठ में ही सारा समय व्यतीत न कर क्षात्र-धर्म के अनुसार प्रजा की रक्षा करने में अपना समय लगाए, इसी में दोनों का कल्याण है। राज्य या देश को वैभवपूर्ण होने के लिए वहाँ के कर्मवीर नेतृपुरुष विकास-पथ के पुरोधा हुआ करते हैं। वे जनक की भाँति चाहे ब्रह्मज्ञान क्यों न प्राप्त करें, पर वे साथ-साथ अपने राजधर्म का समुचित पालन भी करते हैं।

आपके सामने द्रौपदी का ज्वलंत उदाहरण है। उसके आपके प्रति अपमानजनक वचन कहे जाने के कारण उसे आपकी ही भरी सभा में अर्द्धनग्न होने का पाप भोगना पड़ा। उसके मित्र वासुदेव भी उसे उस स्थिति से न बचा सके। वासुदेव का जीवन देखिए, उन्होंने लोकसंग्रह के लिए अपनी प्रेयसी राधा की ओर मुड़कर भी नहीं देखा। उन्होंने काफी समय तक आर्यावर्त के कल्याण के लिए याद भी नहीं किया। वे केवल संपूर्ण जग हित

में सतत कर्मरत रहते हैं। क्या उन्हें कोई कर्म करने की आवश्यकता है? क्या वे आज इस ब्रह्मांड के एकछत्र शासक के रूप में ही नहीं विराजित हो सकते? नहीं। उन्हें तो अपना लोकधर्म ही प्रिय है। वे विश्व-कल्याण चाहते हैं और इसी विश्व के उचित प्रबंधन हेतु यहाँ-वहाँ नारद की भाँति भ्रमण करते रहते हैं। यही कारण है कि वे छोटे से राज्य द्वारिका के स्वामी होने पर भी भुवनस्वामी हो गए हैं। आप केवल हस्तिनापुर या आर्यावर्ताधीष या नरेश हैं। उनका कौरवों के प्रति भी द्वेष नहीं है।

धृतराष्ट्र : हे सारथी! मैं यह मानता हूँ कि श्रीकृष्ण समग्र भारतवर्ष में जनप्रिय लोकनायक हैं। इसलिए मैंने कभी भी अपने मुख से उनकी भर्त्सना नहीं की। मैंने सदैव उनका यथोचित् सम्मान किया। पर इसका अर्थ यह नहीं कि हम उनके सामने कुछ भी नहीं हैं। तुमसे अधिक तो वे ही मेरा सम्मान करते हैं। अच्छा, यह प्रसंग छोड़ो और यह बताओ कि कर्मयोगी, ज्ञानयोगी तथा भक्तियोगी में कर्म, ज्ञान तथा भक्तियोग का कितना-कितना मिश्रण है, क्योंकि न तो कोई शत-प्रतिशत कर्मयोगी हो सकता है और न ही कोई ज्ञानयोगी अथवा भक्तियोगी।

संजय : अधिपति! मेरी धृष्टता के लिए आप क्षमा करें। वस्तुतः कामनाओं पर अधिकार पाना ही इस जीवन का लक्ष्य है। कामनाओं की मात्रा कर्मयोग से कम होती है। जब साधक कर्म करने में संलग्न होता है तो वह वस्तुस्थिति समझ पाता है कि किस सीमा तक उसकी कामनाओं की पूर्ति

संभव है तथा वह कितना केवल स्वप्निल संसार में डूबा है। अत: कामनाओं के गुण व किस्म का सुधार भक्तियोग से होता है तथा कामनाओं का दिशा-परिवर्तन ज्ञानयोग से होता है। कारण-करण संबंध सर्वोच्च विधान है। शुभ कर्म का शुभ फल और अशुभ कर्म का अशुभ फल होता है। आपका वर्तमान प्रारब्ध आपके भूतकाल के कार्यों का फल है, परंतु वर्तमान में अध्यवसाय के द्वारा आप अपना भविष्य बदल सकते हैं। पुरुषार्थ भाग्य को परास्त कर अपनी सत्ता स्थापित कर लेता है। अत: कर्म ही धर्म है, कर्म ही वर्ण है, कर्म ही जाति है, कर्म ही जीवन का प्रारंभ व अंत है। कर्मयोगी निष्कामभाव से श्रम करके निर्दोष विषयानंद का भोग करता है। कुछ मनुष्य नाम गुण गाकर जो आनंद पाते हैं, वह उन साधकों के लिए भजनानंद है और ईश-दर्शन से जो आनंद मिलता है, वह ब्रह्मानंद है। मैं आपको गणितीय दृष्टिकोण से यह नहीं बता सकता कि कर्मयोगी में कितना प्रतिशत भक्तियोग तथा ज्ञानयोग समाहित है, क्योंकि मेरे मनस्वामी वासुदेव ने ऐसा कहीं नहीं व्यक्त किया है तथा यह देश तथा काल की परिस्थिति के अनुसार परिवर्तनशील है। फिर भी मेरे भौतिक जगत् के स्वामी महाराजाधिराज हस्तिनापुर-नरेश ने जब आज्ञा दी है तो मैं अपने विवेकाश्रित अनुमान के अनुसार इस अनुपात निर्धारण की एक छोटी सी बालचेष्टा करता हूँ। कर्मयोगी में कर्म का अंश 80 प्रतिशत, ज्ञान का 15 प्रतिशत तथा भक्ति 5 प्रतिशत होती

है। ज्ञानयोगी में 60 प्रतिशत ज्ञान, 30 प्रतिशत कर्म तथा 10 प्रतिशत भक्ति का अंश होता है तथा भक्तियोगी में 60 प्रतिशत भक्ति, 20 प्रतिशत ज्ञान तथा 20 प्रतिशत कर्म का अंश विद्यमान रहता है। ज्ञान के बिना अज्ञान का काँटा नहीं निकलता तथा सभी प्रयत्न गलत दिशा में जा सकते हैं। उसी प्रकार भक्ति का अंश न होने से श्रद्धा और प्रेम का आविर्भाव नहीं होता और जीवन में मधुरता नष्ट हो जाती है। श्रद्धा अथवा परम प्रेम तत्त्व ही धर्म- कर्मों का प्राणस्वरूप है। श्रद्धा के साथ अनुष्ठित होने से ही यज्ञ, दान, तप आदि सत कर्मों में परिणत हो जाते हैं और ऐसा होने पर ही उनका फल शुभ होता है, अन्यथा सभी कर्म नीरस एवं निरर्थक हैं। रस में ही परमात्मा का वासस्थान है। तीनों योग पृथक्-पृथक् जीवन के परम उद्‌देश्य की ओर ले जाते हैं, जैसे सभी नदियाँ अंतः समुद्र में मिलती हैं। व्यक्ति या साधक को अपने व्यक्तित्व की सहजता के अनुसार योग-विशेष अपनाना चाहिए, ताकि वह संन्यास के रास्ते से परमात्मा के साथ एकात्म हो जाए। अतः व्यावहारिक रूप में सभी योग परस्पर संबद्ध तथा अभिन्न हैं और इसलिए पुरुषोत्तम कृष्ण ने इन सबको मिलाकर एक समन्वित रूप प्रस्तुत किया है, जिसमें बिना किसी संप्रदाय, मत-मतांतर या किसी दार्शनिक विचारधारा विशेष का पक्ष लिये जीवन के यथार्थ एवं चिरंतन सत्य को सहजता से समझाया गया है। उनका आदेश है कि सर्वप्रथम अपने शरीर को कर्म

की भट्टी में तपाओ, ताकि अंतरंग जीवन और बहिर जगत् का व्यावहारिक ज्ञान हो सके, उसे ज्ञानज्योति के द्वारा प्रकाशित किया जा सके तथा फिर पूर्ण समर्पण द्वारा उसमें चिदानंद की मुसकान भरी जा सके। मैं तो यही प्रार्थना करता हूँ कि भक्ति, ब्रह्मज्ञान और कर्म तत्त्व की शक्ति का यथोचित मेल करनेवाले पुरुष इस देश में पुनः-पुनः उत्पन्न होते रहें, जो अपनी प्रभा के प्रभाव से भारत को फिर से पुरोधा रूप में प्रतिष्ठित करें।

धृतराष्ट्र : हे संजय! तुम तो मुझे श्रीकृष्ण के आदेश से भी विस्तृत भाषण देने लगते हो। अभी तो युद्ध का परिणाम भी बाकी है तथा हम कैसे कह सकते हैं कि इस युग में सत्पुरुषों का अभाव है।

संजय : हे हस्तिनापुर नरेश! मैं यह नहीं कहता कि इस युग में सत्पुरुषों का अभाव है। अच्छाई का कभी समूल नाश नहीं होता। वह तो निश्चय ही पुनः अपने नए रूप में परिवर्द्धित होकर अपनी सत्ता स्थापित करेगी। वह अधर्म को जड़-मूल से उखाड़कर फेंक देगी, चाहे उसके पीछे भीष्म पितामह जैसे बड़े-बड़े योद्धा क्यों न हों। वस्तुतः पारलौकिक तथा सांसारिक कल्याण का मूलाधार ही अच्छाई है, जो आध्यात्मिक उन्नति करता है, वह अवश्य ही भौतिक उपलब्धियाँ भी सहज ही प्राप्त कर लेता है। वस्तुतः मोक्ष धर्म और संसारगत व्यावहारिक धर्म भिन्न-भिन्न नहीं है। हमें प्रत्येक क्षण उन सार्वभौमिक तथा सार्वकालिक गुणों का अर्थात् दैवी-संपदाओं का पालन

करना होगा, जो हमारी लौकिक एवं पारलौकिक दोनों उन्नतियों का द्वार खोलते हैं। उनका पथ वास्तव में एक ही है। जहाँ तक मैंने कृष्ण के संदेश की व्याख्या की है, वह तो अपूर्ण तथा अधूरी ही है। उनके संदेश की तो हजारों विद्वान्, हजारों प्रकार से युगों-युगों तक व्याख्या करते रहेंगे, फिर भी उन्हें परितुष्टि नहीं मिलेगी। उनके सात सौ श्लोकों की तो बात ही छोड़िए, उनके प्रत्येक श्लोक के एक-एक चरण अथवा एक-एक पद पर पूरा ग्रंथ लिखा जा सकता है। उनका यही संदेश भारत को बूढ़ा होने से बचाता है तथा उसमें नित्य नवीन संजीवनी का संचार करता है। कोई कहता है कि बिना फल की आशा से काम करते जाने का उपदेश ही केंद्रबिंदु है, तो कोई कहता है कि सतत कर्म करते रहना ही वासुदेव के उपदेश का सार है, तो अन्य कहते हैं कि उनके संवाद् के बीचोबीच स्थित नवें अध्याय का सूक्ति वाक्यांश 'योगक्षेमं वहाम्यहम्' ही सार रूपी धुरी है। जिस प्रकार महातीर्थ प्रयाग में संगम पर गंगा, यमुना और अदृश्य सरस्वती की जलधाराएँ भले ही पृथक्-पृथक् प्रतीत हों, किंतु जल की दृष्टि से देखें तो तीनों में कोई अंतर नहीं है। जैसे नाना रूपरंग और गंधवाले फूलों की माला में उनकी पृथक्-पृथक् लड़ें गिनना तो आसान है, किंतु उनकी सुगंध की गिनती या मिश्रित रूप की पहचान असंभव है, उसी प्रकार कन्हैया के इस संदेश को शब्दों में सीमित करना आसान नहीं है। मानव जाति

के मित्र, ज्ञान–गुरु एवं मार्गदर्शक के रूप में श्रीकृष्ण ने एक उदात्त–दर्शन तथा व्यावहारिक नीतिशास्त्र के सुंदर समन्वित रूप में अपना संदेश दिया है, वह युगों–युगों तक मानवता को अवलंब प्रदान करता रहेगा, प्राणियों को अंधकार से प्रकाश की ओर ले जाएगा, उनको निराशा के गर्त से निकालकर उल्लास और उत्साह के धरातल पर स्थित करेगा। जब किसी का मन अर्जुन की भाँति संशय यानी बुद्धि विभ्रम से संतृप्त होगा, उसे अपने कर्तव्य के विषय में दुविधा होगी तो वह कृष्ण–अर्जुन के इस संवाद में अवगाहन कर अपनी जिज्ञासा का समाधान कर सकेगा। ऐसा कर वह अपनी दुविधा का परिहार स्वयमेव कर लेगा। अवसादग्रस्त मन:स्थिति की अमीयमूरि है कृष्ण के गीतोपदेश में।

धृतराष्ट्र : हे संजय! मुझे वह पथ बताओ, जिससे मानव के संशयों का पूर्ण समाधान हो सके। मैं तुम्हारे मत से सहमत हो चला हूँ और तुमसे अपने अर्जुन की भाँति अब प्रश्न कर रहा हूँ।

संजय : हे नरेश! श्रद्धा अर्थात् निष्ठा में ही व्यक्ति के कल्याण का संबल निहित है। श्रद्धाहीन व्यक्ति न तो अपना मार्ग जानता है और न ही खोज पाता है, क्योंकि उसके मन पर अहंकार और ममता का आवरण पड़ा रहता है। अत: श्रद्धानुसार उसे अपने आचरण को निर्मल करना होता है। श्रीकृष्ण का उपदेश अनुभवगम्य है। केवल पोथियों को पढ़कर कोई सफलता या अमरतत्व प्राप्त नहीं कर

सकता। उसे अमरतत्त्व प्राप्त करने के लिए सांसारिक कर्मों को छोड़ने की आवश्यकता नहीं है, बल्कि उन्हें निष्काम बुद्धि से करते रहना चाहिए। यदि उसे रास्ता न मिले, तो उसे सतगुरु की शरण में जाना चाहिए। यदि श्रीकृष्ण जैसा गुरु मिल जाए, तो उसका जीवन निश्चित सफल है। यदि गुरु न भी मिले, तो वह अपनी आत्मा की आवाज सुने, जो निरंतर उसे गलत काम करने से रोकती रहती है, क्योंकि आत्मा उस परमात्मा का स्वरूप है, जो सत्य, चैतन्य तथा आनंदमय है। महाराज! आपने सभी पर श्रद्धा केंद्रित की और किसी पर भी नहीं की। आपने भीष्म पितामह, द्रोणाचार्य तथा विदुर की सलाह भी पूरी तरह नहीं मानी, क्योंकि आपके ऊपर ममता तथा अहंकार का परदा पड़ गया था। अत: राजन्! अब आप वासुदेव कृष्ण पर श्रद्धा रखकर उनके उपदेशों का पालन करें और अमरत्व को प्राप्त हों।

धृतराष्ट्र : हे सखा! मैं तुम्हारे भगवान् श्रीकृष्ण की महिमा स्वीकार करता हूँ तथा उनको हस्तिनापुर के नरेश की ओर से तथा स्वयं अंधे धृतराष्ट्र की ओर से सश्रद्धा प्रणाम करता हूँ। मुझे तुम अब उनके उपदेश सारांश रूप से कहो, जिनपर मैं अपने अहं तथा मोह के कारण अब तक पूरा ध्यान न दे सका। मुझमें सद्भाव जागा है कि मैं भी अपना जीवन किसी योगमार्ग को पकड़कर सफल बना सकूँ।

संजय : हे आर्यावर्ताधीश! तब आप उपसंहार रूप में श्रीकृष्ण के मुख से ही घोषणा सुनिए, जो हमारे संवाद के मंदिर

का स्वर्णकलश रूप है, जिसका दूर से दर्शन या श्रवण करने से ही श्रीकृष्ण का अमृतप्रसाद प्राप्त हो जाता है। हे राजन्! जहाँ योगेश्वर श्रीकृष्ण हैं और जहाँ गांडीवधनुषधारी अर्जुन है, वहीं पर श्री, विजय, विभूति और अचल नीति हैं।

□□□